스토리텔링 100점 국어

3 학년

스토리텔링 100점 국어 3학년

2014년 1월 22일 초판 1쇄 펴냄

펴낸곳 | ㈜ 꿈소담이
펴낸이 | 김숙희
기획 · 글 | 서지원 스토리텔링연구소
그림 | 김은경

주소 | 136-023 서울특별시 성북구 성북동 1가 115-24 4층
전화 | 747-8970 / 742-8902(편집) / 741-8971(영업)
팩스 | 762-8567
등록번호 | 제6-473(2002. 9. 3)

홈페이지 | www.dreamsodam.co.kr
북카페 | cafe.naver.com/sodambooks
전자우편 | isodam@dreamsodam.co.kr

ISBN 978-89-5689-942-8 63710

- 책 가격은 뒤표지에 있습니다.
- 꿈소담이의 좋은 책들은 어린이와 세상을 잇는 든든한 다리입니다.

100점 국어

3 학년

서지원 스토리텔링연구소 기획 · 글
김은경 그림

소담 주니어

머리말

국어를 즐기세요!

세상에서 제일 지겨운 게 공부라고 생각하는 친구들이 있을 겁니다. 공부가 없다면 얼마나 좋을까, 하고 소원을 비는 친구도 있겠지요. 하지만, 공부는 정말 지겹기만 한 걸까요? 공부를 하는 게 즐거울 수는 없는 걸까요?

저는 공부가 지겹고 재미없는 어린이 여러분을 위해 이 책을 썼습니다. 공부가 즐겁고 재미있으려면, 우선 공부가 쉽고 만만해져야 해요. 그래서 공부하면 할수록 실력이 부쩍부쩍 늘어서 자신감이 팍팍 붙어야 해요.

그러기 위해서는 가장 먼저 기초와 원리를 알아야 합니다. 축구를 잘하려면 공을 차는 기초와 원리를 알아야겠지요? 공부도 마찬가지입니다. 이 책은 여러분이 1년 동안 배울 1학기와 2학기 내용을 7장에 나누어 공부할 수 있도록 도와줄 거예요. 물론 단기간에 공부를 완벽하게 끝낼 수는 없습니다. 하지만 여러분이 꼭 공부해야 할 기초와 원리는 쏙쏙 뽑아 담아두었습니다.

국어는 모든 공부의 바탕입니다. 국어를 잘해야 다른 공부도 잘할 수 있기 때문이지요. 국어, 사회, 과학, 수학……. 이 모든 과목들이 어떤 글로 쓰여 있나요? 영어인가요? 아닙니다. 바로 국어입니다. 우리가 공부하는 내용은 모두 국어로 쓰여 있답니다.

따라서 국어를 잘하면 글을 읽고 이해하는 능력이 발달하고, 말을 잘하고 듣는 능력도 발달합니다. 그래서 다른 과목들을 잘 이해하며 읽을 수 있게 되는 거지요. 어려운 낱말, 뜻을 잘 모르는 낱말 등은 국어 공부를 하면서 열심히 익혀두세요. 그러면 사회, 과학, 수학 등을 공부할 때 큰 도움이 됩니다.

특히 사회 과목은 낱말 뜻을 잘 모르기 때문에 어렵게 느껴지는 경우가 많습니다. 그래서 시험을 볼 때 문제의 뜻을 잘 몰라서 틀리기도 한답니다. 그럴 땐 국어를 공부하세요. 국어를 잘하면 어려운 사회 공부가 쉬워집니다.

국어는 여러분이 평생 사용하는 모국어입니다. 다른 사람에게 내가 하는 말의 뜻을 잘 전달하려면 말하는 능력이 있어야 하지요. 또한 다른 사람의 말을 잘 알아들으려면 듣는 능력이 필요하고요. 글을 잘 읽으려면 읽기 능력이 있어야 하고, 멋진 글을 쓰려면 쓰기 능력이 있어야 합니다. 『스토리텔링 100점 국어』는 이 네 가지 능력을 골고루 배울 수 있도록 준비했습니다.

초등학교 때 국어 공부를 열심히 하세요. 국어 공부는 단지 시험을 잘 보기 위한 것이 아닙니다. 국어를 잘하면 여러분은 평생 좋은 능력을 갖고 살아가게 되는 것입니다.

여러분이 이 책으로 공부하며 국어 공부가 즐거워지고, 재미있어지고, 만만해졌으면 정말 좋겠습니다.

서지원

차례

누구나 할 수 있는
4단계 입체 학습법

1단계 이야기마당

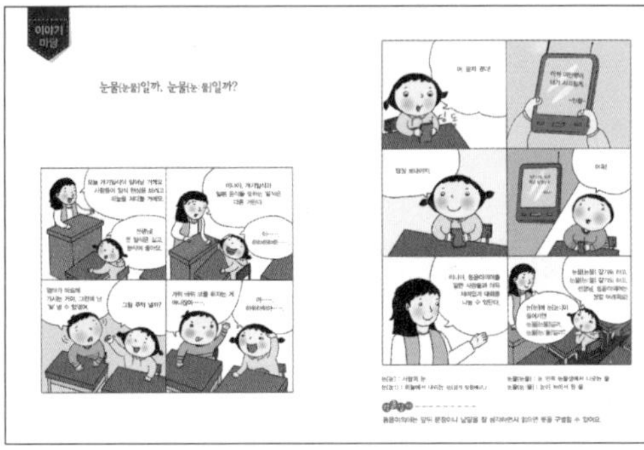

교과서에 나온 핵심 원리가 만화로 나옵니다. 동화를 읽기 전에 미리 만화를 읽으면 어떤 것을 배워야 할지 예습할 수 있습니다.

2단계 스토리텔링

한 편씩 동화를 읽다 보면, 나도 모르게 어려운 공부가 저절로 됩니다. 원리가 그림으로 풀이되어 쉽게 배울 수 있습니다.

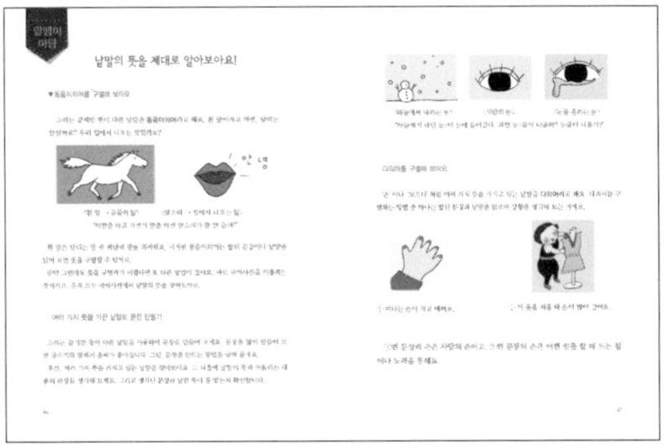

3단계 알맹이마당

동화 속에 나왔던 핵심 원리를 다시 한 번 읽어 보면 절대 잊지 않습니다. 동화 속 주인공이 나와 복습을 도와줍니다.

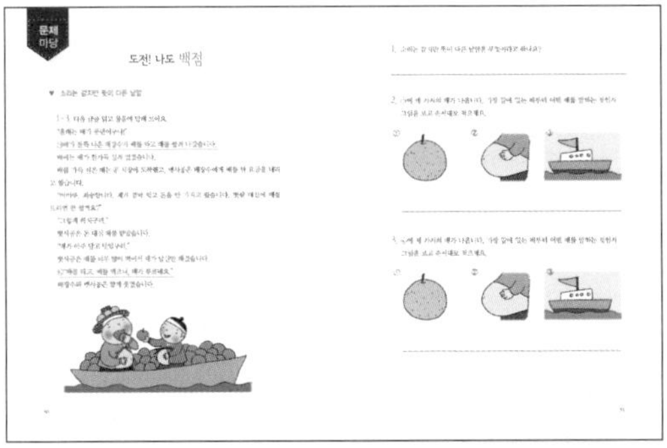

4단계 문제마당

다 배웠으면 백점 만점에 도전해야지요? 단순한 문제가 아니라, 머리가 좋아지는 문제입니다. 이야기에 숨어 있는 재밌는 문제를 풀다 보면 상상력, 창의력, 논리력이 쑥쑥 자라게 됩니다.

토끼 장수 할머니

공부할 내용

▶ 동음이의어가 무엇인지 알 수 있어요.

▶ 동음이의어의 뜻을 구별할 수 있어요.

▶ 동음이의어로 문장을 만들 수 있어요.

이야기 마당

눈물[눈물]일까, 눈물[눈:물]일까?

눈[눈]: 사람의 눈
눈[눈:]: 하늘에서 내리는 눈(길게 발음해요.)

눈물[눈물]: 눈 안쪽 눈물샘에서 나오는 물
눈물[눈:물]: 눈이 녹아서 된 물

한줄 쓰기

동음이의어는 앞뒤 문장이나 낱말을 잘 생각하면서 읽으면 뜻을 구별할 수 있어요.

"차렷, 경례!"

"감사합니다!"

우렁차게 끝인사를 하자마자 아이들은 자리에서 발딱발딱 일어났어요. 미나도 얼른 책가방을 챙겨 들고 일어섰지요.

"미나야, 같이 가!"

단짝 정은이가 쪼르르 달려와 미나에게 팔짱을 쏙 꼈어요. 미나와 정은이는 방긋 웃으며 사이좋게 교실을 나섰어요.

운동장에는 집으로 돌아가는 아이들이 삼삼오오 모여 걸어가고 있었어요. 철봉을 하거나 고무줄 놀이를 하는 아이들도 있었지요.

미나와 정은이가 총총 운동장을 가로질러 걷는데, 교문 근처에 아이들이 오글오글 모여 있지 않겠어요? 정은이가 고개를 갸우뚱하며 말했어요.

"뭐지?"

"저번에 왔던 병아리 장수 아저씨가 또 왔나 봐. 우리도 빨리 구경하러 가자!"

미나와 정은이는 급히 교문으로 달려갔어요. 복작복작한 아이들 틈바구니를 겨우 비집고 들어서자 할머니 한 분이 아기토끼를 팔고 계셨어요. 아기토끼를 본 미나는 눈이 휘둥그레졌어요. 꼬물꼬물 귀여운 아기토끼가 하나, 둘, 셋, 넷…… 무려 일곱 마리나 있었거든요.

"우아! 진짜 귀엽다."

미나는 아기토끼들에게서 눈을 뗄 수가 없었어요. 미나는 아이들 사이에 가만히 웅크리고 앉아 눈처럼 새하얀 토끼의 등을 살짝 만져 보았답니다. 토끼털은 마치 비단처럼 보들보들했어요.

'이렇게 귀여운 토끼를 키울 수 있다면 얼마나 좋을까?'

미나는 아기토끼를 꼭 끌어안고 얼굴에 부비고 싶었어요. 그때, 미나 옆에 앉아 있던 여자아이가 할머니에게 물었어요.

"할머니, 이 아기토끼 얼마예요?"

"응, 만 원만 주렴."

만 원! 미나는 가슴이 두근두근했어요. 오늘 아침에 엄마가 용돈으로 주신 만 원이 호주머니 속에 고스란히 들어 있었거든요. 하지만, 미나는 선뜻 돈을 꺼내지 못하고 그저 손가락으로 만지작거리기만 했어요.

'아기토끼를 사 가면 엄마가 싫어하시겠지?'

미나는 시무룩해졌어요. 미나의 엄마는 집에서 동물을 키우는 것을 싫어하시거든요. 어쩌면 엄마는 아기토끼를 보자마자 갖다 버리라고 소리치실지도 몰라요. 하지만, 미나는 귀엽고 예쁜 아기토끼를 눈앞에 두고 발걸음이 떨어지지 않았어요.

○초등학교
만 원만 주렴

미나가 망설이는 동안 옆의 여자아이가 주머니에서 꼬깃꼬깃한 만 원짜리 한 장을 꺼냈어요. 그 아이는 할머니에게 돈을 건네고 하얀 털에 까만 얼룩무늬가 있는 토끼 한 마리를 받아 품에 안았어요.

"히, 얼른 집에 가서 자랑해야지."

여자아이는 방실방실 웃으며 아기토끼를 꼭 끌어안고 돌아갔어요. 미나는 부러운 눈으로 여자아이를 바라보았어요. 그때, 정은이가 미나의 옆구리를 콕 찔렀어요.

"이제 그만 구경하고 가자."

"어, 어……, 조금만 더 보고."

정은이가 가자고 할 때마다 미나는 "조금만, 조금만 더."라며 좀처럼 자리에서 일어나지 않았어요. 그동안 아이들은 한둘씩 집으로 돌아가고 어느새 미나와 정은이만 남았지 뭐예요. 결국, 참다못한 정은이가 한마디 했어요.

"이러다 학원 시간 늦겠어. 진짜로 가자!"

"아, 으응……."

미나가 마지못해 뭉그적뭉그적 일어나려고 하자, 할머니가 미나를 보며 말씀하셨어요.

"아가, 토끼를 사고 싶니?"

"네."

"그런데 왜 그냥 가니?"

"저, 그게……."

미나는 머뭇머뭇 입을 열었어요.

"엄마가 동물을 너무 싫어하셔서 못 키우게 하세요. 전 강아지도 키우고 싶고, 고양이도 키우고 싶은데……."

미나는 한숨을 푹 쉬었어요.

"어차피 아기토끼를 데려가도 키우지 못할 거예요. 그럼, 저희는 이만 갈게요. 할머니, 안녕히 계세요."

"얘들아, 잠깐만 기다리렴."

할머니는 미나와 정은이를 부르며 큼직한 주머니를 꺼냈어요.

"학원가기 전에 할미랑 재미있는 놀이를 하나 하지 않으련?"

미나와 정은이의 눈이 동그래졌어요.

"재미있는 놀이요?"

"그래. 할미가 문제를 내면 너희는 정답을 맞히면 돼."

"그게 다예요?"

"정답을 맞히면 할미가 선물을 하나 주지. 너희가 아주 좋아할 만한 선물이란다."

"정답을 못 맞히면요?"

"그럼 너희가 할미 부탁을 하나 들어줘야지."

"할머니 부탁을요? 그게 뭔데요?"

"별거 아니란다. 어떻게 할래? 결정하렴. 할 거니? 말 거니?"

미나와 정은이는 서로를 힐끔 보며 고개를 끄덕이더니 입 모아 대답했어요.

"좋아요. 하겠어요!"

할머니는 빙그레 웃으며 미나와 정은이에게 주머니를 내밀었어요.

"자, 주머니 속에서 막대기를 하나씩 꺼내렴."

미나와 정은이는 주머니에 손을 넣어 막대기를 한 개씩 꺼냈어요.

납작한 막대기에는 다음과 같은 글이 적혀 있었어요.

공을 발로 뻥 ______

아휴, 바람이 너무 ______

미나와 정은이는 고개를 갸우뚱갸우뚱했어요.

“할머니, 이게 뭐예요?”

“빈칸에 똑같이 들어갈 낱말을 찾으면 된단다. 자, 시작한다! 대답할 때에는 자기 이름을 큰 소리로 부른 다음 말하렴.”

할머니 말씀에 미나와 정은이의 눈동자가 글자를 따라 데굴데굴. 하지만, 좀처럼 답을 찾을 수 없었어요. 정은이가 당황한 목소리로 말했어요.

“뭐지? 난 모르겠어!”

미나도 막막하기는 마찬가지였지요. 미나는 어쩔 줄 몰라 하며 할머니를 바라보았어요. 할머니는 씽끗 웃으며 모래시계를 꺼내 바닥에 세워 두었어요.

“너무 어렵니? 그럼, 처음이니까 특별히 예시 카드를 보여 주마. 그 대신 3분 안에 맞혀야 한다.”

할머니는 주머니에서 카드 네 장을 꺼내 막대기 앞에 펼쳐 놓았어요.

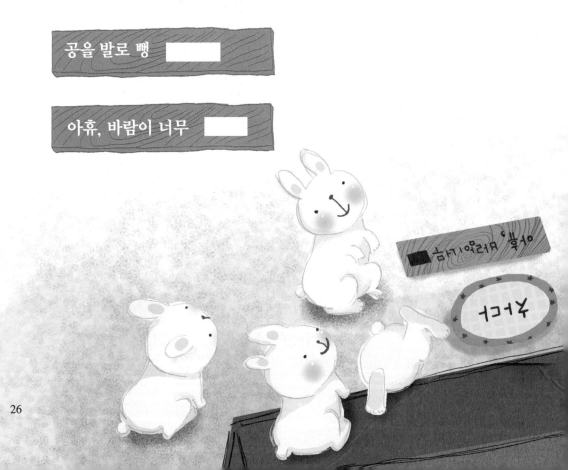

세다
작다
많다
차다

스르르. 모래알 떨어지는 소리가 귀에 들리는 것 같았어요. 조바심이 난 미나의 손에 송알송알 땀이 맺혔어요. 정은이도 안달이 났는지 발만 동동 굴렀어요.

"뭔지 모르겠어."

"나도 막 헷갈려."

할머니는 초조해하는 미나와 정은이를 보며 싱글싱글 웃고 계셨어요.

"이제 10초 남았다. 9초. 8초. 7초……."

"세, 세다!"

"땡! 틀렸단다."

할머니는 웃으며 '차다' 라고 적힌 카드를 집어서 빈칸 위에 올려놓았어요.

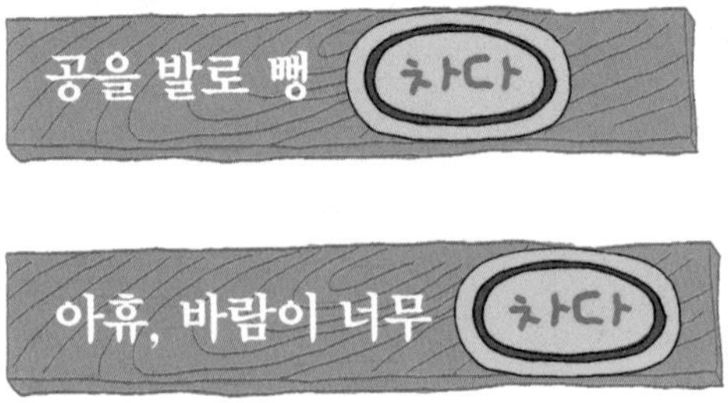

"이 두 낱말은 소리는 같지만 뜻이 다르단다. 아래에 쓰인 '차다' 는 온도가 낮다는 뜻이고, 위에 쓰인 '차다' 는 발로 내지른다는 뜻이지. 이렇게 소리는 같지만 뜻이 다른 낱말을 **동음이의어**라고 한단다."

할머니는 손가락으로 낱말을 가리키며 차근차근 설명해 주셨어요.

"예시 카드를 하나씩 넣어 읽어 봤을 때, 둘 다 뜻이 통하는 낱말이 정답이지. 물론 예시 카드가 없어도 앞뒤 상황을 잘 생각하며 읽으면 정답을 찾을 수 있단다."

동음이의어의 뜻을 구별하는 방법①

소리는 같지만 뜻이 다른 낱말을 '동음이의어'라고 해요. 동음이의어의 뜻은 다음과 같은 방법으로 구별해요.

1) 앞뒤 문장과 낱말을 읽고 상황을 생각하여 뜻을 구별할 수 있어요.

① 흰 말이 물을 마시고 있다.

② 바르고 고운 말을 써야지!

그제야 미나와 정은이는 고개를 끄덕였어요. 할머니의 설명을 듣고 나니 다른 문제는 쉽게 풀 수 있을 것 같았어요.

"정답을 못 맞혔으니 약속대로 할미 부탁을 들어줘야지?"

할머니는 빙그레 미소를 지으며 돌아앉았어요.

"자, 단발머리는 왼쪽 어깨! 긴 머리는 오른쪽 어깨! 시원하게 꾹꾹 주물러야 한다."

단발머리는 미나, 긴 머리는 정은이었어요. 미나와 정은이는 나란히 서서 할머니 어깨를 조물조물 꾹꾹! 주물렀어요.

"어이구, 시원하구나. 거기, 그래 거기."

"할머니, 한 판 더 해요. 이번에는 꼭 맞힐 수 있어요!"

"그래요, 한 판만 더 해요. 네?"

미나와 정은이가 졸라 대자 할머니는 할 수 없다는 듯 허락해 주었어요.

"오냐, 좋다. 같은 문제를 내면 재미없으니까 이번에는 소리는 같지만 뜻이 다른 낱말을 써서 문장 만들기를 해 보자꾸나."

"예에? 문장을 만들어요?"

미나는 당황해서 얼른 정은이를 보았어요. 그러나 미나와 달리 정은이는 자신만만한 표정이었어요.

할머니는 두 장의 종이 카드를 꺼내 미나와 정은이의 앞에 펼쳐 놓았어요.

"이 두 낱말을 사용해서 두 개의 알맞은 문장을 만들어 보렴."

정은이는 종이 카드를 보며 골똘히 생각했어요. 하지만, 미나는 고개만 갸웃갸웃.

'뭘 어떻게 하라는 거지?'

그때, 정은이가 짝! 손뼉을 치며 말했어요.

"아, 알았다! 이렇게 하면 돼요."

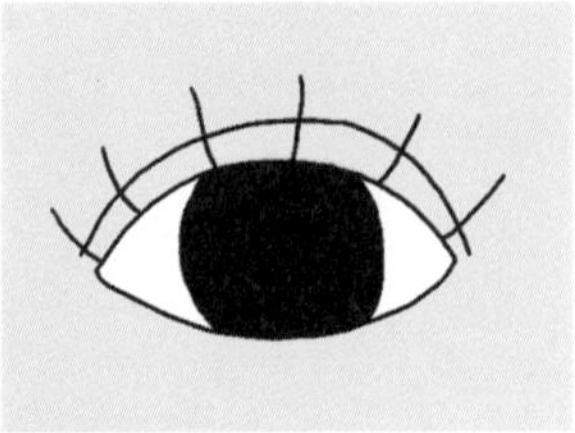

"민지는 눈이 정말 크고 예쁘다!"

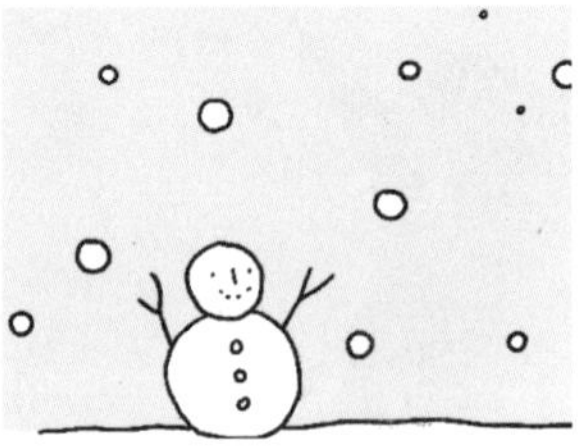

"하늘에서 하얀 눈이 펄펄 내린다."

"옳지, 참 잘했네. 낱말의 뜻이 잘 나타나도록 문장을 만들었구나."

"네. 먼저 낱말의 여러 가지 뜻을 생각하고, 각각 뜻에 맞는 내용으로 문장을 만들면 되니까요. 히."

맞아요. 소리는 같지만 뜻이 다른 낱말을 넣어 문장을 만들 때에는 정은이가 말한 대로 하면 돼요. 마지막에는 꼭 자기가 만든 문장의 뜻과 낱말이 잘 어울리는지 확인하는 것도 잊으면 안 돼요.

동음이의어의 뜻을 구별하는 방법②

2) 국어사전에서 낱말 뜻을 찾아보아요.

① 밥을 많이 먹었더니 **배**가 불러.
→ 사람이나 동물의 몸에서 위장, 창자, 콩팥 따위의 내장이 들어 있는 곳

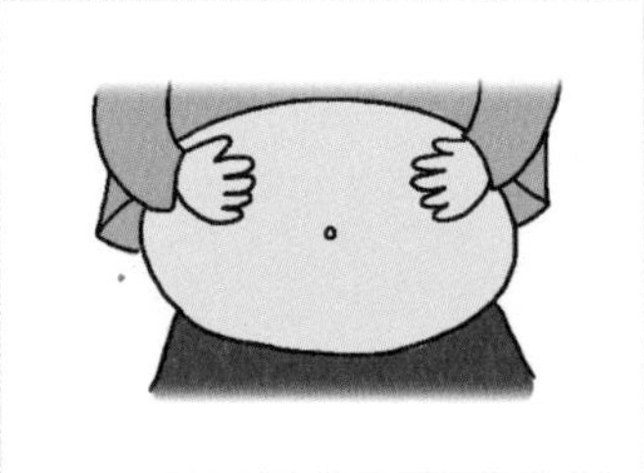

② 바다 위에 큰 **배**가 떠 있다.
→ 사람이나 짐 따위를 싣고 물 위를 떠다니도록 나무나 쇠로 만든 물건

③ **배**가 정말 달고 맛있네!
→ 배나무의 열매

“할미가 낸 문제를 맞혔으니 선물을 줘야겠구나.”

할머니는 커다란 자루 속에 손을 쑥 집어넣고 한 바퀴 휘젓더니 네모난 상자 하나를 꺼냈어요.

“선물이다. 집에 가서 열어 보렴.”

“와, 고맙습니다!”

선물을 받은 정은이는 폴짝폴짝 뛰며 좋아했어요. 옆에서 지켜보던 미나도 슬금슬금 욕심이 생겼어요.

소리는 같지만 뜻이 다른 낱말을 사용하여 문장을 만드는 방법!

1단계) 여러 가지 뜻을 가지고 있는 낱말을 찾아보아요.

2단계) 낱말의 뜻과 어울리는 내용의 문장을 생각해서 문장을 만들어요.

3단계) 생각한 문장과 낱말 뜻이 잘 어울리는지 확인해 보아요.

"할머니, 저랑도 게임 한 번 더 해요."

"좋다."

할머니는 주머니에서 나무막대기를 세 개 꺼냈어요.

"이번에는 이 중에 다른 뜻으로 쓰인 낱말을 찾는 게임이란다. 잘 보고 뜻이 다르게 쓰인 낱말을 골라 보렴. 아까처럼 1분 안에 맞혀야 한다."

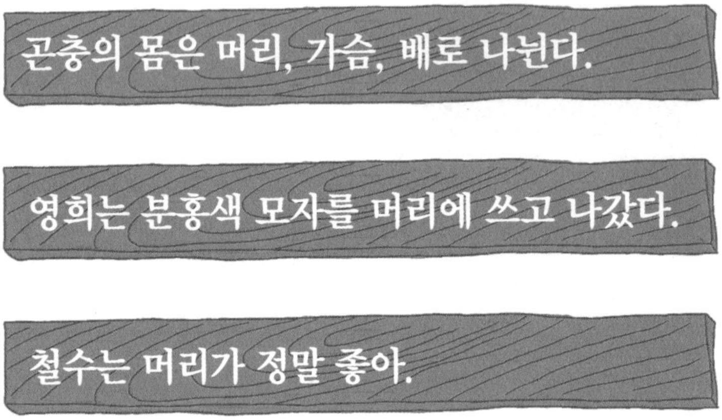
곤충의 몸은 머리, 가슴, 배로 나뉜다.
영희는 분홍색 모자를 머리에 쓰고 나갔다.
철수는 머리가 정말 좋아.

문제를 낸 할머니는 모래시계를 뒤집어 세웠어요. 고운 모래알이 소르르. 미나는 떨어지는 모래알을 힐끔 보고, 나무막대기에 적힌 문제에 집중했어요.

곤충의 몸은 머리, 가슴, 배로 나뉜다
영희는 분홍색 코트를 머리에 쓰고 나갔다
철수는 머리가 정말 좋아

볼수록 알쏭달쏭, 알 듯 모를 듯. 미나는 초조해져서 입이 바짝바짝 마르는 것 같았어요.

'아이 참, 정답이 뭐지? 다 똑같은 머리 아냐?'

그때였어요. 누군가가 미나의 귓가에 속삭이는 소리가 들렸어요.

'이야기의 앞뒤 상황을 생각하며 읽어 봐! 그럼, 뜻이 다르게 쓰인 낱말을 찾을 수 있어.'

미나는 화들짝 놀라 눈을 동그랗게 뜨고 주위를 살폈지만 옆에는 할머니와 정은이뿐이었어요. 정은이가 이상하다는 듯 고개를 갸웃거렸어요.

"왜 그렇게 놀라?"

"아, 아무것도 아니야."

미나는 '설마, 내가 잘못 들었겠지.' 라고 생각하며 다시 문제를 읽어 보았어요.

'곤충의 몸은 **머리**, 가슴, 배로 나뉜다.'
'영희는 분홍색 모자를 **머리**에 쓰고 나갔다.'
'철수는 **머리**가 정말 좋아.'

그제야 미나는 무릎을 탁 쳤어요.

'그래! 첫 번째랑 두 번째 머리는 목 위에 있는 머리야. 하지만, 세 번째 머리는 생각하는 힘을 말하는 거야!'

한 낱말이 가진 여러 가지 뜻을 구별하는 방법①

'손' 이나 '모으다' 처럼 여러 가지 뜻을 가지고 있는 낱말을 **다의어**라고 해요. 다의어의 뜻은 다음과 같은 방법으로 구별해요.

1) 앞뒤 문장과 낱말을 읽으며 상황을 생각해요.

① 지은이는 **손**이 작고 예쁘다.
→ 사람의 팔목 끝에 달린 부분으로 무엇을 만지거나 잡는 데 쓴다.

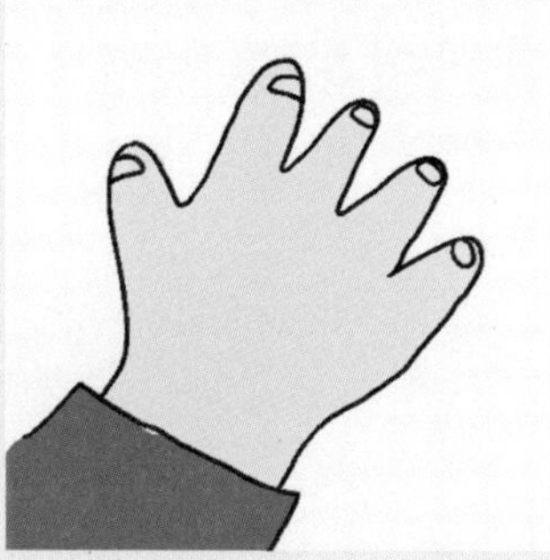

② 이 요리는 **손**이 많이 갔다.
→ 어떤 일을 하는 데 드는 사람의 힘이나 노력, 기술

미나는 방글방글 웃으며 세 번째 종이를 집어 들었어요.

"할머니, 찾았어요! 이거예요. 첫 번째와 두 번째 머리는 몸의 한 부분이지만, 세 번째 머리는 생각하는 힘을 말하는 거예요."

"호호, 정답이란다. 용케 다른 뜻을 구별해 냈구나. 보통, 머리는 우리 몸에서 맨 위에 있는 부분을 가리키지만, 생각하고 판단하는 힘을 말할 때도, 머리카락을 말할 때도 '머리'라고 쓴단다. 잘 생각해 보렴. 공부 잘하는 아이에게 머리가 좋다고 말하고, 그 반대를 머리가 나쁘다고 말하잖니? 또, 머리카락을 빗을 때도 머리 빗는다고 말하고. 이렇게 한 낱말이 여러 가지 뜻으로 쓰이는 것을 **다의어**라고 한단다."

한 낱말이 가진 여러 가지 뜻을 구별하는 방법②

2) 국어사전에서 낱말 뜻을 찾아보아요.

모으다 ① 한 데 합치다.

→ 두 손을 **모으다.**

② 힘, 노력 따위를 한 곳에 집중하다.

→ 함께 힘을 **모으면** 큰일을 해낼 수 있다.

③ 돈이나 재물을 쓰지 않고 쌓아 두다.

→ 열심히 저축해서 돈을 많이 **모았다.**

할머니는 손뼉을 짝짝 치며 말했어요.

"약속대로 선물을 줘야겠지? 옜다, 너도 집에 가서 열어 보렴."

할머니는 미나에게도 조그만 상자를 하나 주셨어요. 미나는 선물 상자를 냉큼 받으며 꾸벅 인사했어요.

"히, 고맙습니다!"

할머니는 빙그레 미소를 지었어요.

"부디 마음에 들었으면 좋겠구나. 자, 얘들아. 시간이 늦었다. 부모님이 걱정하시기 전에 집으로 돌아가야지."

미나와 정은이는 선물 상자를 가슴에 꼭 안고 힘차게 대답했어요.

"네!"

다의어와 동음이의어는 어떻게 구별할까요?

다의어와 동음이의어는 국어사전에서 뜻을 찾아 구별할 수 있어요. 다의어는 한 낱말 밑에 여러 개의 뜻이 나열되어 있지만, 동음이의어는 낱말마다 따로따로 뜻이 달려 있어요.

[다의어]

코

① 포유류의 얼굴 중앙에 튀어 나온 부분. 숨을 쉬고 냄새를 맡는 데 쓴다.
→ **코**가 막혀서 냄새를 맡을 수 없다.

② 콧물 → **코**를 팽 풀었다.

[동음이의어]

장사01 이익을 얻으려고 물건을 사고 파는 일
→ **장사**가 잘되어서 큰돈을 벌었다.

장사02 몸이 우람하고 힘이 센 사람
→ 힘이 **장사**다.

알맹이 마당

낱말의 뜻을 제대로 알아보아요!

♥ 동음이의어를 구별해 보아요

소리는 같지만 뜻이 다른 낱말을 **동음이의어**라고 해요. 흰 말이라고 하면, 달리는 말일까요? 우리 입에서 나오는 말일까요?

〈흰 말 → 동물의 말〉

〈말소리 → 입에서 나오는 말〉

"말을 타고 가면서 말을 하면 말소리가 잘 안 들려!"

흰 말은 달리는 말 중 하얀색 말을 의미해요. 이처럼 동음이의어는 앞뒤 문장이나 낱말을 읽어 보면 뜻을 구별할 수 있어요.

만약 그런데도 뜻을 구별하기 어렵다면 또 다른 방법이 있어요. 바로 국어사전을 이용하는 것이지요. 우리 모두 국어사전에서 낱말의 뜻을 찾아보아요.

♥ 여러 가지 뜻을 가진 낱말로 문장 만들기

소리는 같지만 뜻이 다른 낱말을 사용하여 문장을 만들어 보세요. 문장을 많이 만들어 보면 글쓰기와 말하기 솜씨가 좋아집니다. 우선, 여러 가지 뜻을 가지고 있는 낱말을 찾아보아요. 그 다음에 낱말의 뜻과 어울리는 내용의 문장을 생각해 보세요. 그리고 생각난 문장과 낱말 뜻이 잘 맞는지 확인합니다.

〈하늘에서 내리는 눈〉

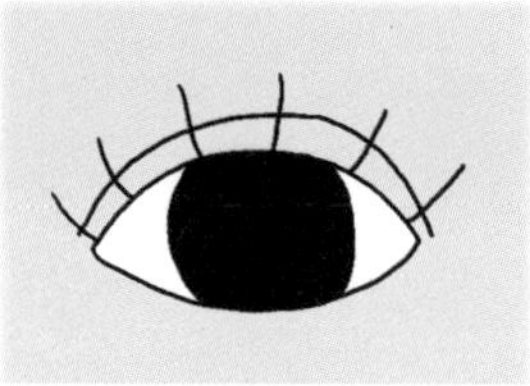

〈사람의 눈〉

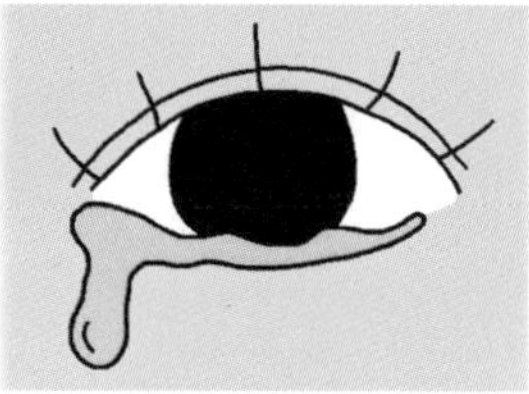

〈눈물 흘리는 눈〉

"하늘에서 내린 눈:이 눈에 들어갔다. 과연 눈:물이 나올까? 눈물이 나올까?"

♥ 다의어를 구별해 보아요

'손' 이나 '모으다' 처럼 여러 가지 뜻을 가지고 있는 낱말을 다의어라고 해요. 다의어를 구별하는 방법 중 하나는 앞뒤 문장과 낱말을 읽으며 상황을 생각해 보는 거예요.

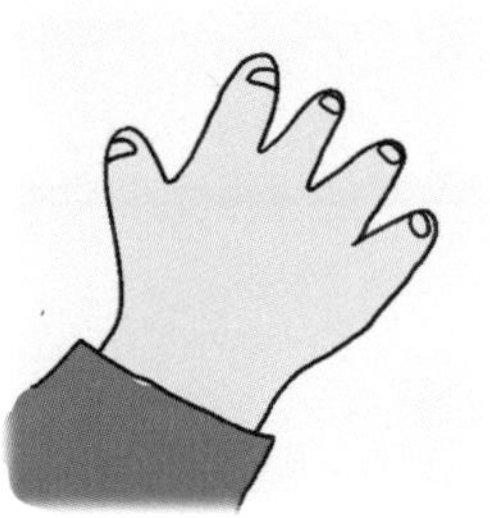

① 미나는 손이 작고 예뻐요.

② 이 옷을 지을 때 손이 많이 갔어요.

①번 문장의 손은 사람의 손이고, ②번 문장의 손은 어떤 일을 할 때 드는 힘이나 노력을 뜻해요.

♥ 다의어와 동음이의어를 구별해 보아요

국어사전에서 다의어와 동음이의어를 찾아보세요. 다의어는 한 낱말 밑에 여러 개의 뜻이 있지만, 동음이의어는 낱말마다 따로따로 뜻이 달려 있어요.

[다의어]

손

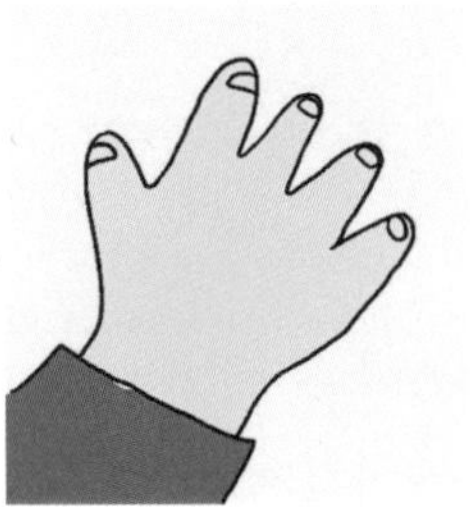

① 사람의 팔목 끝에 달린 부분

② 어떤 일을 할 때 드는 힘 또는 노력

[동음이의어]

장사[01]

이익을 얻으려고 물건을 사고 파는 일

장사[02]

몸이 우람하고 힘이 센 사람

문제
마당

도전! 나도 백점

♥ 소리는 같지만 뜻이 다른 낱말

1~3. 다음 글을 읽고 물음에 답해 보아요.

"올해는 배가 풍년이구나!"

㉠배가 잔뜩 나온 배장수가 배를 타고 배를 팔러 나갔습니다.

배에는 배가 한가득 실려 있었습니다.

배를 가득 실은 배는 곧 시장에 도착했고, 뱃사공은 배장수에게 배를 탄 요금을 내라고 했습니다.

"어이쿠, 죄송합니다. 제가 깜박 잊고 돈을 안 가지고 왔습니다. 뱃삯 대신에 배를 드리면 안 될까요?"

"그렇게 하시구려."

뱃사공은 돈 대신 배를 받았습니다.

"배가 아주 달고 맛있구려."

뱃사공은 배를 너무 많이 먹어서 배가 남산만 해졌습니다.

㉡"배를 타고, 배를 먹으니, 배가 부르네요."

배장수와 뱃사공은 함께 웃었습니다.

1. 소리는 같지만 뜻이 다른 낱말을 무엇이라고 하나요?

2. ㉠에 네 가지의 배가 나옵니다. 가장 앞에 있는 배부터 어떤 배를 말하는 것인지 그림을 보고 순서대로 적으세요.

①

②

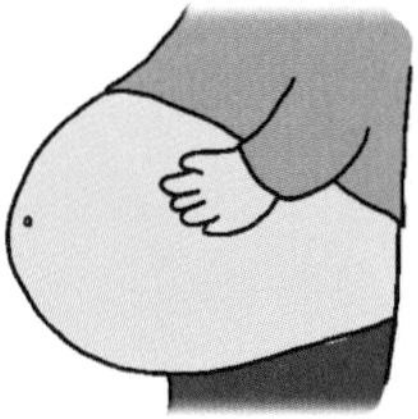

③

3. ㉡에 세 가지의 배가 나옵니다. 가장 앞에 있는 배부터 어떤 배를 말하는 것인지 그림을 보고 순서대로 적으세요.

①

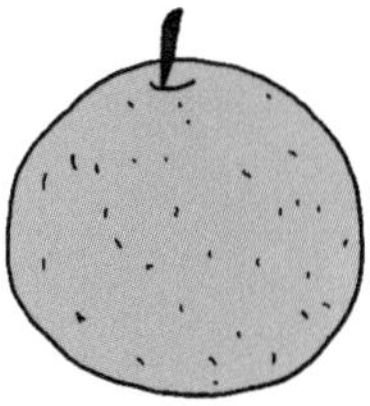

②

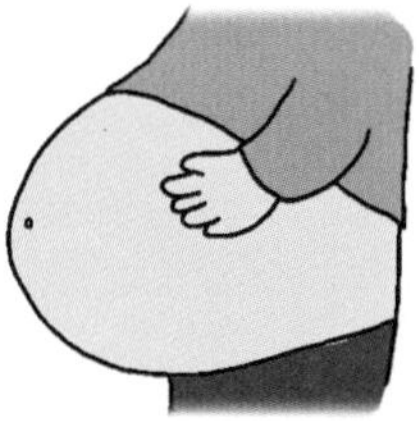

③

4. 다음 두 문장에서 뜻이 같은 낱말끼리 하나로 묶어 보세요. 같은 낱말끼리 하나는 동그라미, 하나는 세모로 표시하세요.

① 말을 타고 말을 하니 잘 안 들린다.

② 어제 말이 도망갔다고 내가 말했지?

♥ 하나의 낱말이 여러 가지 뜻으로 사용될 때

5~7. 다음 글을 읽고 물음에 답해 보아요.

정민이는 번지점프를 하고 싶었다. 그래서 민철이에게 같이 번지점프를 하자고 말했다.

"초등학생은 못 할걸."

민철이는 덜덜 떨면서 말했다.

"몸무게가 30kg ㉠이상이면 할 수 있대."

정민이는 체중계에 올라갔다. 31kg이었다.

민철이도 체중계에 올라갔다. 34kg이었다.

"우리는 할 수 있어! 가자!"

정민이는 민철이를 끌고 번지점프대로 올라갔다.

"으악! 번지점프대에 올라오니까 기분이 ㉡이상해! 토할 것 같아!"

민철이는 번지점프를 하기도 전에 바닥에 주저앉아 울어 버렸다.

5. ㉠이상과 ㉡이상은 각각 어떤 뜻일까요? 다음에서 골라 보아요.

① 수량이나 정도가 일정한 기준보다 많은 것 ______

② 평소와는 다른 상태 ______

6. ㉠과 같은 뜻으로 사용한 문장을 골라 보아요.

① 오늘 기분이 정말 이상해.

② 양념을 10g 이상 넣어야 한다.

③ 저 동물은 얼굴이 이상하게 생겼다.

④ 이상한 사람이 되지 말자.

7. ㉠이상과 ㉡이상을 넣어서 하나의 문장을 만들어 보아요.

____

8. 사전에서 동음이의어와 다의어는 어떻게 다르게 설명되어 있을까요? 다음 중에서 각각 동음이의어와 다의어를 설명하는 자리에 찾아 넣어 보아요.

① 사전에서 찾아보면 하나의 낱말 아래 작은 번호를 매겨 뜻을 설명했다.

____

② 사전에서 찾아보면 하나의 낱말마다 큰 번호를 매겨 각각 뜻을 따로 설명했다.

____

정답

1. 동음이의어 2. ②-①-③-① 3. ③-①-② 4. 말을 타고-어제 말이 / 말을 하니-말했지? 5. ①-㉠, ②-㉡ 6. ② 7. 예) 물을 1리터 이상 마셨더니 기분이 이상해요. 8. ①-다의어, ②-동음이의어

수리수리 요술 족제비 치치

공부할 내용

- 시를 읽고 난 후 느낌을 표현할 수 있어요.
- 일의 순서 또는 방법을 설명하는 글을 쓸 수 있어요.
- 설명서의 특징과 종류를 알 수 있어요.
- 안내문을 올바르게 이해할 수 있어요.

이야기 마당

꼬마 시인

각자 지어 온 시를 발표해 볼까요? 누구부터 할까요?
첫 번째는 무조건 저지요!
저요!
그래, 정민이가 한번 해 볼까?
네!
하늘에서 솜사탕이 내려옵니다. 소복소복 솜사탕이 내리면 우리는 혀를 날름거리며 솜사탕을 먹습니다. 세상이 모두 솜사탕으로 뒤덮인 날, 우리는 솜사탕 사람도 만들고, 솜사탕 싸움도 합니다.
와, 멋진 시인걸! 정민이가 쓴 시는 아주 달콤해서 침이 넘어가는구나.
꿀꺽

한줄 쓰기

시에는 우리가 사는 곳과 비슷한 세상과 재미있는 상상의 나라가 담겨 있어요.

"다녀왔습니다!"

미나는 큰 소리로 인사하며 신발을 휙~ 벗고 제 방으로 쪼르르 달려갔어요.

"히히, 선물이 뭘까? 혹시……."

반짝반짝 예쁜 머리핀이 들어 있을까요? 아니면 짤랑짤랑 귀여운 팔찌? 어쩌면 미나가 몇 달 전부터 줄곧 갖고 싶어 하는 조그맣고 깜찍한 목걸이일까요? 미나는 두근거리는 마음으로 상자를 열어 보았어요.

"애걔걔, 이게 뭐야."

상자 속에는 작은 동물 인형이 들어 있었어요. 길쭉한 몸통과 꼬리, 짤막한 다리에, 귀가 작고 주둥이가 뾰족했으며, 털 빛깔은 갈색이었지요.

미나는 고개를 갸웃거리며 중얼거렸어요.

"책에서 본 것 같은데…… 이름이 뭐더라?"

미나가 상자에서 인형을 꺼내자, 종이 한 장이 팔랑 떨어졌어요. 미나는 얼른 종이를 주워 살펴보았어요.

아주 특별한 깜짝 선물!
치치를 만나 볼까요?

치치는 귀여운 족제비 친구예요.
폴짝폴짝 재주를 부릴 줄 알고요,
까불까불 장난도 치지요.
여기에 하나 더!
깜짝 놀랄 만한 사실이 있어요.
치치는 수리수리 요술 족제비랍니다!
깜찍한 족제비 치치를 만나려면
어떻게 해야 할까요?
자, 지금부터 뒷장에 적혀 있는 설명서를 잘 읽고
순서대로 차근차근 따라해 보아요.

미나는 놀란 눈으로 인형을 보았어요.

"요술 족제비? 에이, 인형이 무슨 요술을 부린다고."

믿을 수 없었지만, 한편으로는 호기심이 생겼어요. 혹시 소원을 들어주는 인형일지도 모르잖아요.

미나는 종이를 뒤집어 설명서를 차근차근 읽기 시작했어요.

설명서를 알아보아요!

설명서란 일의 순서나 방법을 차근차근 알려 주는 글이에요. 그러므로 잘 모르는 일을 실수 없이 잘하려면, 먼저 설명서를 꼼꼼하게 읽어 봐야 한답니다.

설명서는 어떻게 읽어야 할까요?

1단계) 글을 읽고 머리에 전체의 순서를 떠올려요.

2단계) 순서를 큼직큼직하게 나누어 생각해요.

3단계) 큼직큼직하게 나눈 순서를 다시 자세하게 나누어요.

4단계) 잘 모르는 부분은 다시 한 번 설명서를 읽으며 차근차근 따라 해요.

❶

먼저 치치를 상자에서 꺼내 주세요.

미나는 인형을 요리조리 살펴보며 대답했어요.

"꺼냈어요!"

❷

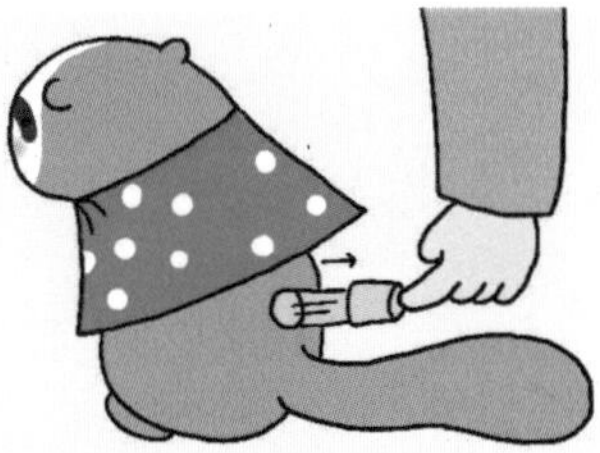

치치의 등에 조그맣고 동그란 버튼이 있어요.
집게손가락으로 버튼을 꾹 눌러 주세요.

인형의 등을 보니 설명대로 정말 조그맣고 동그란 버튼이 하나 있었어요. 미나가 집게손가락으로 동그란 버튼을 꾹 누르자 갑자기 뭉툭한 막대처럼 생긴 게 톡 튀어나오지 않겠어요?

"요게 뭐지?"

미나는 고개를 갸웃거리며 다음 설명을 읽었어요.

❸

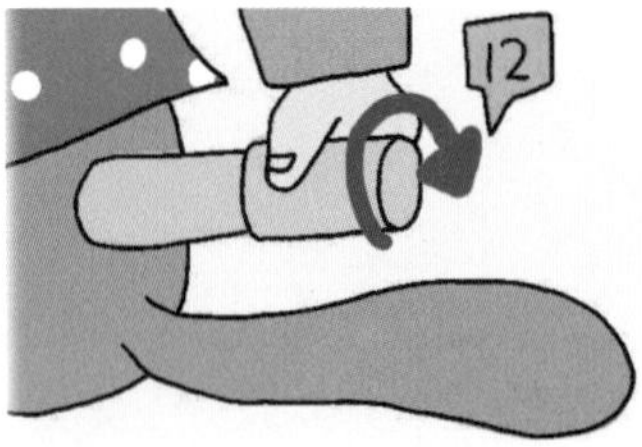

손잡이가 나왔나요? 그럼 태엽을 감아 줘요.
튀어나온 손잡이를 잡고 천천히 오른쪽으로
정확하게 12번 돌려주세요.

미나는 오른손 엄지손가락과 집게손가락으로 손잡이를 잡고 오른쪽으로 태엽을 감기 시작했어요. 약간 빽빽하게 돌아가는 것 같은 느낌이 들었지만, 힘들지는 않았어요.

"하나, 둘, 셋……, 열, 열하나, 열둘!"

설명서에는 어떤 내용이 담겨 있을까요?

1) 일의 방법이나 순서가 적혀 있어요.
2) 주의해야 할 점이 적혀 있어요.
3) 물건을 사용하는 법이나 보관하는 법이 담겨 있어요.

설명서나 안내문에는 꼭 알아야 할 내용이 설명되어 있어요. 그래서 그림과 사진이 함께 들어가 있는 경우가 많지요. 설명서나 안내문을 읽을 때는 글과 그림을 함께 보면서 직접 따라 하는 게 좋아요. 그래야 문제를 정확하고 올바르게 해결할 수 있답니다.

설명서에 적혀 있는 방법을 어떻게 따라 해야 할까요?

1) 무엇에 대해 설명하고 있는지 생각해 보아요.
2) 설명서에서 말하는 방법을 하나씩 정리해 보아요.
3) 설명글과 그림을 함께 살펴보며 방법을 생각해 보아요.

태엽을 다 감고 난 후 다음 설명을 읽은 미나는 깜짝 놀랐어요.

❹ 

태엽을 다 감았으면 치치를 바닥에 내려놓고 주문을 외워 주세요. 주문을 외운 다음에는 꼭 손뼉을 쳐야 해요.

알라알라 깜빠깜빠 뿌뿌빠! (손뼉 짝!)

알라알라 깜빠깜빠 뿌뿌빠! (손뼉 짝짝!)

알라알라 깜빠깜빠 뿌뿌빠! (손뼉 짝짝짝!)

"이거 좀 이상한데……."

미나는 꺼림칙한 기분이 들었어요. 이런 요상한 주문을 외우라니, 심지어 손뼉까지 치면서 말이에요. 어쩌면 누군가 장난친 게 아닐까요?

"에잇, 모르겠다. 한번 해 보고 아니면 말지 뭐."

미나는 종이와 인형을 책상 위에 내려놓고 주문을 외웠어요.

"알라알라 깜빠깜빠 뿌뿌빠! (손뼉 짝!) 알라알라 깜빠깜빠 뿌뿌빠! (손뼉 짝짝!) 알라알라 깜빠깜빠 뿌뿌빠! (손뼉 짝짝짝!)"

그런데 주문을 다 외워도 인형은 별다른 반응이 없었어요. 미나는 숨을 죽이고 기다렸지만 한참이 지나도 아무 일도 일어나지 않았어요. 미나는 얼른 다음 설명을 읽어 보았어요.

알라알라 깡빠깡빠 뿌뿌빠!

5

참 잘했어요!

자, 이제 마지막이에요. 치치를 그대로 하룻밤 놓아두세요. 자고 일어나면 귀여운 요술 족제비 치치를 만날 수 있어요!

"뭘까? 아, 궁금해."

미나는 족제비 인형을 물끄러미 바라보았어요. 족제비 인형은 처음 본 그 모습 그대로였어요. 왠지 맥이 풀리고, 점점 수상한 느낌이 들었지만 어쩔 도리가 없었어요.

"에이, 모르겠다. 숙제나 해야지."

미나는 족제비 인형을 저만치 밀어 놓고 가방에서 책이랑 공책을 꺼냈어요. 오늘 선생님께서 동시를 읽고 감상문을 쓰는 숙제를 내 주셨거든요.

선생님은 반 아이들을 둘러보며 말씀하셨어요.

"동시를 읽고 떠오르는 생각과 느낌을 자유롭게 써 오렴."

그러자 동수가 손을 번쩍 들고 질문했어요.

"선생님, 그림을 그려도 되나요?"

"그래. 그림으로 그려도 좋단다. 하지만, 동수는 그림만 그리면 안 돼."

"엑, 왜요?!"

"동수는 언제나 그림만 그리려고 하잖니. 지금 동수에게 필요한 것은 뭐? 글쓰기야, 글쓰기!"

그러자 반 아이들이 와하하 웃음을 터트렸어요. 선생님 말씀대로 반에서 그림을 제일 잘 그리는 동수는 뭐든 그림으로 때우려고 하거든요. 선생님은 다시 한 번 말씀하셨어요.

"내일 수업 시간에 각자 써 온 글과 그림을 발표할 테니까 한 사람도 빠짐없이 해 와야 한다. 알았지?"

"네!"

반 아이들은 씩씩하게 대답했어요. 물론 미나도 함께 큰 소리로 대답했답니다.

설명서나 안내문에 들어가는 그림은 어떻게 그릴까요?

1단계) 안내하거나 설명할 주요 내용을 가려내요.
2단계) 그림 그릴 순서를 정해요.
3단계) 그림이 글의 내용과 어울리는지 생각해 보아요.
4단계) 그림을 그려요.

설명서나 안내문에 그림이 들어가면 읽는 사람이 내용을 한눈에 알아볼 수 있고, 쉽게 이해할 수 있답니다. 그리고 글을 쓰는 사람은 전하려는 내용을 쉽고 정확하게 나타낼 수 있지요. 또한, 길게 설명해야 하는 내용을 간단히 나타낼 수도 있어요.

미나는 수업시간을 떠올리며 교과서를 펼쳤어요. 그리고 선생님이 정해 주신 동시 한 편을 소리 내어 또박또박 읽었어요.

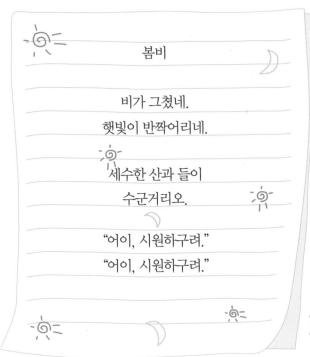

봄비

비가 그쳤네.
햇빛이 반짝어리네.

세수한 산과 들이
수군거리오.

"어이, 시원하구려."
"어이, 시원하구려."

〈봄비〉. 김석전 글/
보리출판사가 펴낸
'엄마야 누나야' 중에서

그런데 이를 어쩌면 좋지요? 막상 공책에 느낀 점을 쓰려고 하니까 쓸 말이 하나도 생각나지 않았어요.

"선생님이 다른 동시로 설명해 주실 때는 쉬웠는데……."

시는 어떻게 읽을까요?

시 속에는 재미있는 상상의 세계가 펼쳐져요. 그래서 우리가 사는 세계에서는 있을 수 없는 일이 일어나기도 한답니다. 시를 읽을 때는 상상하며 읽으면서 우리가 사는 세계와 비교해 보아요.

이야기는 어떻게 읽을까요?

이야기의 세계에는 우리가 사는 세계와 비슷한 점과 다른 점이 있어요. 그래서 이야기의 세계에서는 우리가 사는 세상에서는 불가능한 일이 일어날 수도 있어요. 이야기를 읽을 때도 시를 읽을 때와 마찬가지로 상상하며 읽으면서 우리가 사는 세계와 비교해 보아요.

미나는 연필 끝을 잘근잘근 씹으며 다시 한 번 읽어 보았어요. 눈앞에 비가 그친 다음 맑게 갠 하늘과 쟁글쟁글 빛나는 해가 떠올랐어요.

“비가 그친 하늘 위에 해가 떠올라 있는 모습이 생각난다…….”

여기까지 쓰고 나자 그 다음에 뭐라고 써야 할지 생각나지 않았어요. 미나는 한참을 고민하다 글짓기는 포기하고 시를 읽고 떠오르는 장면을 그림으로 그리기로 했어요.

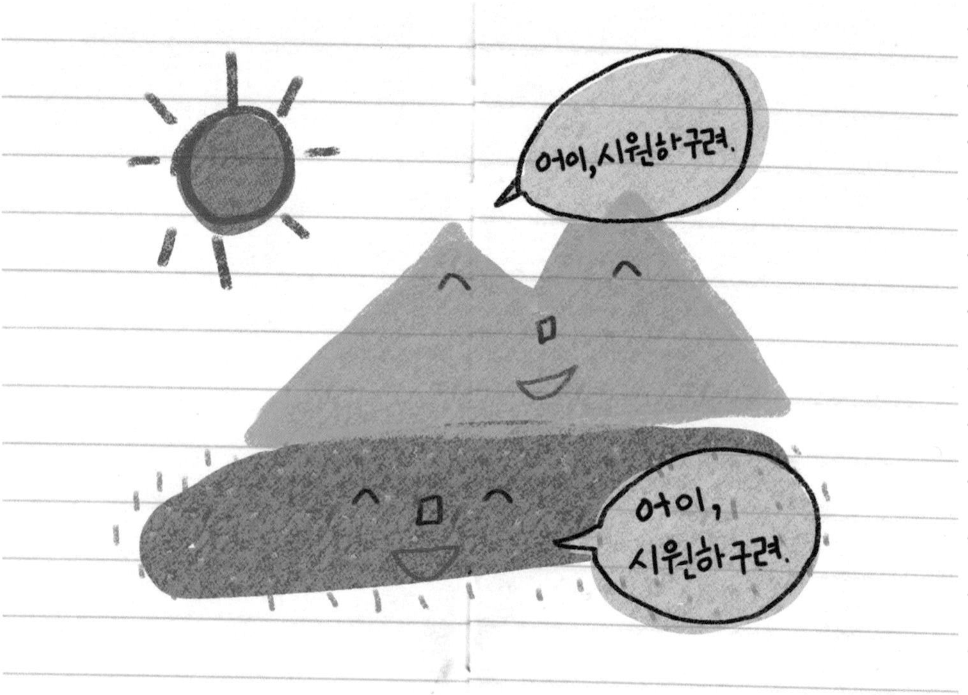

잠시 후, 미나는 공책을 탁! 덮으며 자리에서 벌떡 일어났어요.

"숙제 끝!"

다음 날, 학교에 간 미나는 쉬는 시간에 국어 공책을 꺼내 펼쳐 보고는 그만 두 눈이 휘둥그레졌어요. 어제 미나가 그린 그림 옆에 누군가가 또박또박 예쁜 글씨로 감상문을 써 놓았지 뭐예요.

시를 읽고 떠오르는 생각과 느낌을 표현해 보아요!

1) 시를 읽으며 글쓴이의 생각과 마음 그리고 장면을 떠올려 보아요.
2) 시를 다 읽은 다음 떠오르는 생각과 느낌을 정리해 보아요.
3) 그림이나 글로 나의 생각과 느낌을 표현해 보아요.

그림이나 글로 나의 생각과 느낌을 표현하면 시를 더욱 생생하게 느낄 수 있고, 느낌과 생각을 오래 간직할 수 있답니다. 그리고 자신의 느낌과 생각을 다른 사람과 이야기하며 나눌 수 있지요.

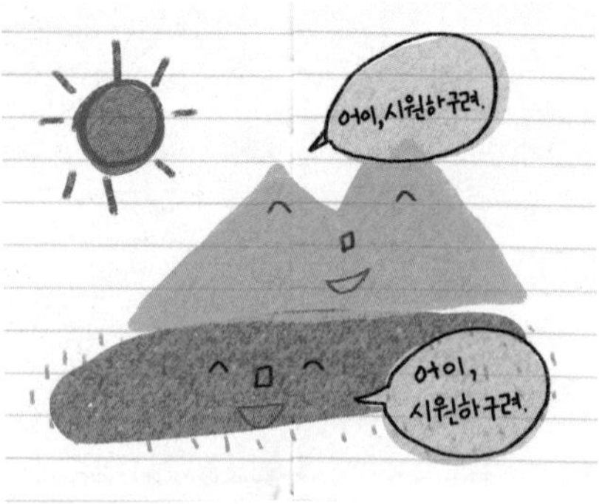

보슬보슬 봄비 내린 후 촉촉하게 젖어 있는 산과 들이 떠올랐다. 비가 온 다음에는 주변이 진짜 세수를 한 것처럼 평소보다 훨씬 깨끗해 보인다. 깨끗한 산과 들을 생각하니까 내 기분도 깨끗하고 상쾌해졌다.

— 치치

차근차근 읽어 보니 글의 맨 마지막에 '치치' 라고 써 있었어요. 미나는 가슴이 두근두근거렸어요.

시를 읽고 떠오르는 생각이나 느낌 표현하기

시를 읽고 떠오르는 생각이나 느낌을 글로 표현해 보아요!

1) 독서 감상문 쓰기
2) 편지나 엽서 쓰기

시를 읽고 떠오르는 생각이나 느낌을 그림으로 표현해 보아요!

1) 삽화 그리기
2) 만화 그리기
3) 시화로 꾸미기

시를 읽고 떠오르는 생각이나 느낌을 몸짓으로 표현해 보아요!

1) 시에 나타난 인물의 표정 따라하기
2) 시에 나타난 인물의 감정을 몸짓으로 나타내기

'설마? 진짜 설명서대로 족제비 인형이…… 변신한 걸까?!' 미나는 얼른 핸드폰을 꺼내 정은이에게 문자를 보냈어요. 쉬는 시간에는 핸드폰을 쓸 수 있거든요.

너 어제 토끼 장수 할머니가 준 선물 봤어?

잠시 뒤에 핸드폰 램프가 깜빡이며 정은이에게서 답장이 왔어요.

정은이

응. 인형 하나가 들어 있던데, 왜?

미나는 번개 같은 속도로 다시 문자를 보냈어요.

거기 설명서 없었어?

정은이

종이가 있기는 했는데 안 봤어. 아- 왜?

나 할 말 있음! 진짜 신기해!

정은이

아, 뭔데?????

지금 말 못 해. 이따 이야기해 줄게!

정은이

-_- 알았어.

수업 시작 종이 울리자, 미나는 핸드폰을 끄고 주머니 속에 쏙 집어 넣었어요. 하지만 가슴이 자꾸만 발랑발랑해서 선생님의 말씀은 귀에 들어오지도 않았지요. 어서 빨리 집으로 돌아가고 싶은 마음뿐이었어요.

'진짜, 진짜 요술 족제비인지도 몰라! 아, 대체 무슨 일이 벌어진 걸까?'

과연 어떻게 된 일일까요? 정말 미나의 생각대로 족제비 인형이 요술 족제비로 변신한 걸까요?

설명서와 시, 이야기를 잘 읽어 보아요!

♥ 설명서란 어떤 글일까요?

물건을 사면 그 안에 설명서가 들어 있어요.

설명서란 일의 순서나 방법을 차근차근 알려 주는 글이에요. 그러므로 잘 모르는 일을 실수 없이 해결하려면 설명서를 꼼꼼하게 읽어야 한답니다.

여기에 설명서를 잘 읽기 위한 방법이 있어요.

1. 글을 읽고 전체의 순서를 머릿속에 떠올려 보아요.

2. 순서를 큼직큼직하게 나누어 생각해 보아요.

3. 큼직큼직하게 나눈 순서를 자세하게 나눠서 생각해 보아요.

4. 잘 모르는 부분이 있으면 설명서를 읽으며 차근차근 따라해 보아요.

♥ 설명서와 안내문을 잘 읽으려면 어떻게 해야 하나요?

안내문과 설명서에는 알리고 싶은 내용과 설명하고 싶은 내용이 잘 드러나 있어요. 그래서 그림과 사진이 함께 들어가 있을 때가 많지요. 설명서와 안내문을 읽을 때는 글과 그림을 함께 보며 직접 따라 하는 게 좋아요. 설명서와 안내문에서 알려 주는 대로 동작을 하나씩 따라 해 보아요.

설명서와 안내문을 쓰는 사람이 글과 함께 그림을 그려 넣으면 전하려는 내용을 더욱 쉽고 정확하게 나타낼 수 있어요. 또한, 길게 설명해야 하는 내용을 간단히 나타낼 수도 있어요.

설명서나 안내문에 들어가는 그림은 이렇게 그린답니다.

1. 안내하거나 설명할
주요 내용을 생각해요.

2. 그릴 순서를 정해요.

3. 그림이 글의 내용과
어울리는지 살펴보아요.

4. 본격적으로 그림을 그려요.

♥ 시와 이야기를 읽고 느낌을 표현해 보아요

시에는 우리가 사는 곳과 비슷한 세상과 재미있는 상상의 나라가 표현되어 있어요. 그래서 우리가 사는 세상에서는 일어날 수 없는 일이 가능하기도 해요. 시를 읽을 때는 시 안의 나라를 상상하세요. 그리고 우리가 사는 세계와 비교해 보세요.

시를 읽고 떠오르는 생각이나 느낌을 표현해 봅시다. 어떻게 하면 잘 표현할 수 있을까요?

1. 시를 읽으면서 시 안의 장면을 떠올리고 글쓴이의 생각과 마음을 느껴 보아요.

2. 시를 다 읽은 다음 떠오르는 생각과 느낌을 정리해 보아요.

3. 그림이나 글로 나의 생각과 느낌을 표현해요. 그러면 시를 더욱 생생하게 느낄 수 있고, 느낌과 생각을 오래 간직할 수 있답니다.

시를 읽고 떠오르는 생각이나 느낌은 독서 감상문이나 편지, 엽서 쓰기 등의 글로 표현할 수 있고, 삽화 그리기, 만화 그리기, 시화 등의 그림으로 표현할 수도 있어요.

또, 몸짓으로 표현할 수도 있어요. 시에 등장하는 인물의 표정을 따라해 보거나 감정을 몸짓으로 나타내는 거지요.

개나리

개나리는 병아리
병아리처럼 노란색

삐악삐악삐삐악
병아리들이 개나리 밑에서
모이를 먹어요.

노란 주둥이로 콕콕 찍으며
개나리 사이를 돌아다녀요.

병아리가 춤을 추면
개나리도 춤을 춰요.

이야기를 읽을 때도 시를 읽을 때와 마찬가지로 이야기 속의 나라를 상상하고, 우리가 사는 세계와 비교하며 읽으면 좀 더 오래 기억할 수 있답니다.

문제 마당

도전! 나도 백점

♥ 시를 읽고 느낀 점

1~4. 다음 글을 읽고 물음에 답해 보아요.

쏭알쏭알
이슬들이 노래합니다.
숲 속에 가면 이파리 위에서
이슬들이 쏭알쏭알 노래합니다.

해님이 반짝
이슬들이 반짝
방긋방긋
이슬들은 해님을 보고
웃습니다.

이슬들이 사라졌네요.
어디로 갔을까요?
아하, 하늘로 갔군요.
천사처럼 훨훨 하늘로 올라갔어요.

내일 또 만나!

1. 이 시를 읽고 어떤 장면이 떠오르나요?

① 이슬이 노래하는 걸 직접 보고 따라 부르는 장면

② 구슬치기를 하면서 이슬을 생각하는 장면

③ 바다에 가서 몰려 오는 이슬을 보는 장면

④ 숲 속에 가서 이파리에 맺힌 이슬을 보는 장면

2. 이 시를 읽고 떠오른 느낌으로 알맞지 않은 것은 무엇일까요?

① 이슬들이 이파리 위에 아름답게 맺혔구나.

② 햇빛이 비춰 이슬들이 반짝거렸구나.

③ 햇빛이 비추니까 이슬들이 공중으로 증발했구나.

④ 이슬이란 친구가 내일 집에 놀러 오는구나.

3. 여러분이 이 시를 쓴 글쓴이와 같은 장소에 있었다면 어떤 느낌이 들었을까요? 상상해서 써 보아요.

4. 시를 읽고 느낌을 잘 표현하기 위한 방법 중 알맞지 않은 것은 무엇일까요?

① 그림이나 글로 나의 생각과 느낌을 표현해요. 그러면 시를 더욱 생생하게 느낄 수 있고, 느낌과 생각을 오래 간직할 수 있답니다.

② 시를 다 읽은 다음 어떤 생각과 느낌이 드는지 떠올린 후 정리해요.

③ 시의 장면을 떠올리고 글쓴이의 생각과 마음을 느끼면서 시를 읽어요.

④ 음악을 들으면서 춤을 추고 노래를 해요.

5~7. 다음 글을 읽고 물음에 답해 보아요.

알립니다

우리 학교에서는 이번 연휴 동안 체험 학습을 떠나려고 합니다.

온 가족이 함께 자연 속에서 별 보기 체험 학습을 하고 싶은 학생들은 신청하세요.

체험 학습 기간: 2014년 3월 1일 ~ 3월 2일

장소: 소백산 천문대

교통: 단체 관광버스

신청: 냉천초등학교 김갑돌 선생님

5. 이와 같은 종류의 글을 무엇이라고 하나요?

① 일기

② 편지

③ 안내문

④ 설명문

6. 이 글에서 안내하고 있는 내용은 무엇인가요? 알맞지 않은 것을 골라 보아요.

① 체험 학습이 실행되는 장소

② 체험 학습을 수행하는 기간

③ 체험 학습 숙제를 내는 사람

④ 체험 학습 신청을 받는 사람

7. 이 글을 읽고 알 수 없는 내용은 무엇일까요?

① 체험 학습 비용

② 체험 학습 신청 자격

③ 체험 학습 교통수단

④ 체험 학습 신청을 받는 사람

정 답

1. ④ 2. ④ 3. 예) 숲 속의 공기가 맑고, 나무들이 우거져 있었을 것입니다. 4. ④ 5. ③ 6. ③ 7. ①

3장

건방진 참새 티티

공부할 내용

- 의견과 까닭을 구분할 수 있어요.
- 전화를 거는 방법과 받는 방법을 알 수 있어요.
- 속담을 알맞게 사용하는 방법을 알 수 있어요.
- 사실과 의견이 드러나도록 글을 쓸 수 있어요.

속담 대결

엄마, 아빠. 저 오늘 학교에서 속담을 배웠어요. 우리 속담 대결해요.
오호! 대단한걸! 어디, 우리 미나 실력 한번 볼까?
아빠가 먼저 말해 볼게. '가는 말이 고와야 오는 말이 곱다.'
이번에는 엄마 차례네. '웃는 낯에 침 뱉으랴.'
그럼, 이번에는 제가, '가는 날이 오는 날이다.'

한줄 실기

이야기할 때 속담을 사용하면 내 생각을 더욱 효과적으로 전달할 수 있어요.

"무슨 일이야? 응?"

쉬는 시간이 되자 정은이는 미나에게 부리나케 달려왔어요. 정은이의 얼굴에 궁금증이 가득했지요.

"무슨 일이냐고!"

"쉿!"

미나는 집게손가락을 입술에 갖다 대며 얼른 정은이와 함께 교실 밖으로 나왔어요. 그리고 어제 있었던 일과 아까 펼쳐 본 공책 이야기를 주르륵 늘어놓았어요. 그러자 정은이의 눈이 휘둥그레졌어요.

"진짜야?"

“응. 공책에 분명히 치치라고 적혀 있었어. 아까 국어 시간에 발표한 글은 내가 쓴 게 아니야. 바로 치치가 쓴 거라고!”

미나는 들뜬 목소리로 계속 말했어요.

“어쩌면 우리가 만난 할머니는 요술쟁이인지도 몰라! 그 족제비 인형은 진짜 요술 족제비이고!”

“우와, 우와!”

정은이는 벌어진 입을 다물지 못했어요.

“그런데 넌 무슨 인형이 들어 있었어?”

미나가 물었어요.

“그, 그게…….”

정은이는 잠시 망설이더니 대답했어요.

“엄청 쪼그만 참새 인형이야.”

“참새?”

“응. 나도 수업 마치고 집에 가서 설명서대로 해 볼게. 넌 그 치치라는 족제비를 찾아보고 전화해.”

“응. 알았어.”

딩동댕동.

그때 마침 수업 시작종이 울렸어요. 미나와 정은이는 수업에 늦을세라 재빨리 교실로 들어왔어요.

두근두근, 미나는 가슴이 자꾸 뛰어서 수업 시간이 어떻게 지나가는지도 몰랐어요. 아마 정은이도 미나와 똑같았겠지요?

미나는 집에 돌아오자마자 방문 앞으로 쪼르르 달려갔어요. 그러고는 살그머니 문을 열고 한쪽 눈으로 방 안을 살폈어요.

'족제비 인형이 정말 요술 족제비일까? 내가 하는 말을 알아들을까?'

방 안은 조용했어요. 물건도 모두 제자리에 있어요. 아침에 미나가 방에서 나왔을 때와 똑같았어요.

'어, 이상하다?'

미나는 용기를 내어 방 안으로 들어갔어요. 그런데 어디선가 쌕쌕 숨소리가 들리지 않겠어요? 바로, 미나의 침대에서 나는 소리였어요!

미나는 마른침을 꿀꺽 삼키며 살금살금 침대로 다가갔어요. 그러고는 조심스럽게 이불을 들추었는데…….

"엄마야!"

미나는 화들짝 놀라 소리를 빽! 질렀어요. 기다란 족제비가 침대 속에서 몸을 웅크린 채 잠들어 있지 뭐예요.

"응? 벌써 왔어?"

족제비는 앞발로 눈을 비비며 말했어요. 미나는 너무 놀라 말도 제대로 나오지 않았어요.

"어, 어, 족제비가 마, 말을 해."

"당연하지. 난 그냥 족제비가 아니라 요술 족제비니까. 요술 족제비 치치."

몸을 길게 쭉 펴며 기지개를 켠 치치는 또랑또랑한 눈으로 미나를 바라보았어요.

"어제 내가 네 숙제 대신 해 줬는데. 봤어? 나 잘했지?"

"어? 어…… 봤어."

치치는 미나를 빤히 쳐다보며 말했어요.

"넌 고맙다는 인사도 할 줄 모르니?"

"어? 어…… 고, 고마워. 그, 그런데 너 진짜 요술 족제비야?"

"보고도 몰라?"

치치는 침대 위에서 폴짝 뛰어올라 미나 어깨에 착! 앉았어요.

"난 어떤 것이든 딱 한 가지 소원을 수리수리 착착 들어주는 요술 족제비야. 네 소원은 뭐니?"

순간, 미나의 눈이 동그래졌어요. 소원을 들어주는 요술 족제비라니요, 마치 동화 속 이야기 같았어요. 미나는 얼른 제 볼을 꼬집었어요.

"아야야!"

아픈 걸 보니 꿈은 아닌가 봐요. 미나는 눈을 부비며 어깨에 앉아 있는 요술 족제비 치치를 보았어요.

"소원을 들어준다고? 램프의 요정 지니처럼?"

그러자 치치가 얼굴을 찡그렸어요.

"램프의 요정 지니가 대체 누구야? 나를 그런 이상한 녀석이랑 함부로 비교하지 마. 아, 티티 녀석하고도!"

"티티? 티티가 누군데?"

"엄청 조그맣고 건방진 참새 녀석 몰라? 걔가 티티야!"

그때, 미나의 머릿속에 아까 정은이가 한 말이 떠올랐어요.

“엄청 쪼그만 참새 인형이야.”

미나는 고개를 갸웃거리며 물었어요.
"혹시 너, 티티랑 친구니?"
그러자 치치가 펄쩍펄쩍 뛰었어요.
"무슨 소리야? 내가 그 건방진 꼬마 참새 따위랑 친구일 것 같아?"
"티티를 싫어하니?"
"응! 싫어. 티티 녀석은 아무짝에도 쓸모없는 사고뭉치거든. 요술 참새는 무슨? 골칫덩이 참새지!"
치치는 정말 티티를 싫어하나 봐요. 미나는 갑자기 궁금해졌어요. 치치는 왜 그렇게 티티를 싫어할까요?
"왜 티티가 사고뭉치에 골칫덩이라고 생각해?"
"왜냐고?"
"우리 선생님이 자기 생각을 말할 때에는 왜 그렇게 생각하는지 이유를 꼭 말해야 한다고 하셨어."
맞아요. 국어 시간에 선생님께서 분명히 말씀하셨어요.

"주장할 때에는 꼭 타당한 근거를 함께 말해야 한단다."

주장이란, 다른 사람에게 자신의 의견을 굳게 내세우는 것이에요. 주장할 때에는 주장을 뒷받침하는 근거를 함께 이야기해야 한답니다. 그래야 다른 사람을 설득할 수 있어요.

미나는 치치를 보며 또박또박 이야기했어요.

"지금 너는 티티를 흉보기만 하잖아. 대체 티티가 사고뭉치에 골칫덩이라고 생각하는 이유가 뭐야?"

"음…… 그건 말이야."

치치는 잠시 생각하더니 뾰로통한 표정을 지으며 소리쳤어요.

"티티랑 나는 무려 이백 년 동안이나 친구였어. 그런데 백 년 전에 티티가 날 배신했단 말야!"

사실과 의견과 까닭을 구분해 보아요!

1) **사실**은 실제로 일어난 일이에요. 객관적이고, 대부분 사람들이 그렇다고 생각하지요.

2) **의견**은 사실에 대한 자기 느낌이나 생각이에요. 주관적이고, 사람마다 전혀 다르게 생각할 수 있어요.

3) **까닭**은 의견을 뒷받침하는 사실이나 이유예요. 어떤 의견이 잘 드러나도록 말하거나 글을 쓰기 위해서는 반드시 의견에 알맞은 까닭을 이야기해야 한답니다.

"배신?"

"그래. 티티가 친구들한테 내 흉을 보고 다녔어! 나더러 오두방정 촐랑대는 족제비라고 했대!"

치치는 주먹을 불끈 쥐었어요.

"어떻게 친구 사이에 그럴 수 있어? 난 티티를 정말 좋은 친구라고 생각했는데! 절대 용서할 수 없어."

"티티가 네 흉을 본다는 사실을 어떻게 알았는데?"

미나가 묻자 치치가 고개를 홱 돌리며 소리쳤어요.

"타라가 이야기해 줬어."

"타라가 누구야?"

"내 족제비 친구야. 평소에 타라가 나한테 티티와 놀지 말라고 했는데……. 진작 타라가 하는 말을 들었어야 했어."

미나는 고개를 갸우뚱갸우뚱했어요.

"그럼 네가 티티한테 직접 물어본 적은 없어?"

치치는 콧방귀를 흥! 뀌며 말했어요.

"당연하지! 내가 그 녀석이랑 이야기를 왜 해? 티티도 자기가 한 짓이 들통난 사실을 알았는지 나한테 한마디도 안 하더라."

“치치, 내 이야기 좀 들어 봐.”

미나가 조곤조곤 이야기를 시작했어요.

“나도 예전에 내 친구 정은이랑 크게 다툰 적이 있었어. 한동안 서로 말도 안 하고, 학교에서 눈도 안 마주칠 정도였어. 그런데 나중에 그 이유를 자세히 알아 보니까 사소한 오해였지 뭐야.”

미나는 치지의 눈을 가만히 들여다보며 말했어요.

“정은이랑 솔직하게 대화를 하고 난 후 오해가 풀렸어. 너랑 티티도 마찬가지 아닐까? 티티랑 솔직하게 얘기해 봐.”

치치는 고개를 홱홱 저었어요.

“속담 가운데 이런 말이 있어. ‘아니 땐 굴뚝에 연기 날까.’ 원인이 없으면 결과가 있을 수 없다는 뜻이야. 티티가 아무 말도 안 했는데 타라가 괜히 그런 말을 할 리가 없잖아.”

미나가 한숨을 푹 쉬었어요.

“그래, 네 말이 맞을 수도 있어. 하지만 직접 확인해 봐야 하지 않을까?”

“싫어! 내가 타라에게 그 이야기를 들었을 때 기분이 어땠는지 알아? 정말 ‘믿는 도끼에 발등 찍힌다.’라는 속담이 떠오르더라.”

‘믿는 도끼에 발등 찍힌다.’라는 속담은 믿는 사람에게 배신을 당해 오히려 해를 입는다는 뜻이에요. 치치는 철석같이 믿었던 티티에게 배신당했다고 생각했을 때 느낀 기분을 속담으로 표현했어요.

미나가 말했어요.

“‘**옷은 새 옷이 좋고, 친구는 옛 친구가 좋다.**’ 내가 좋아하는 속담이야. 옷은 깨끗한 새 옷이 좋지만 친구는 오래 사귄 친구일수록 우정이 두터워져서 좋다는 뜻이야.”

"그래서?"

"어쩌면 너와 티티도 서로 오해하고 있는지도 몰라. 서로 이야기를 나누면서 오해를 푸는 건 어때? 오랜 친구를 이렇게 잃어버리는 건 너무 안타까운 일이잖아."

속담을 알아보아요!

1) 속담이란 옛날 사람들의 지혜가 담겨 있는 쉽고 짧은 말이에요. 속담 안에는 옛날 사람들의 생활 모습과 소중한 깨달음이 들어 있어요. 이야기에 속담을 사용하면 내 생각을 효과적으로 전할 수 있답니다.

2) 자신의 의견을 주장할 때 속담을 사용하면 좋아요. 속담을 먼저 말하고 그다음에 주장을 말해도 되고, 반대로 주장을 먼저 말하고 뒷받침할 의견으로 속담을 사용할 수도 있어요. 다만, 나의 주장에 알맞은 속담을 활용해야 해요.

치치는 고개를 갸웃하더니 생각에 잠겼어요. 그때, 미나가 얼른 말을 덧붙였어요.

"내가 티티와 화해할 수 있도록 도와줄게!"

"네가 어떻게?"

"내 친구 정은이가 티티랑 같이 있어. 정은이에게 전화해서 티티를 바꿔 줄게. 너희 둘이 이야기해 봐."

치치는 가만히 생각하는 눈치였어요. 그러다 잠시 후 치치가 입을 열었어요.

"그게 네 소원이야?"

미나는 어이가 없었어요.

"야!"

"킥킥, 장난이야. 어쨌든 밑져야 본전이니까 네가 하자는 대로 한번 해 볼게. 네 친구에게 전화해 봐."

미나는 시계를 보았어요.

"정은이, 아직 학원에 안 갔을 거야."

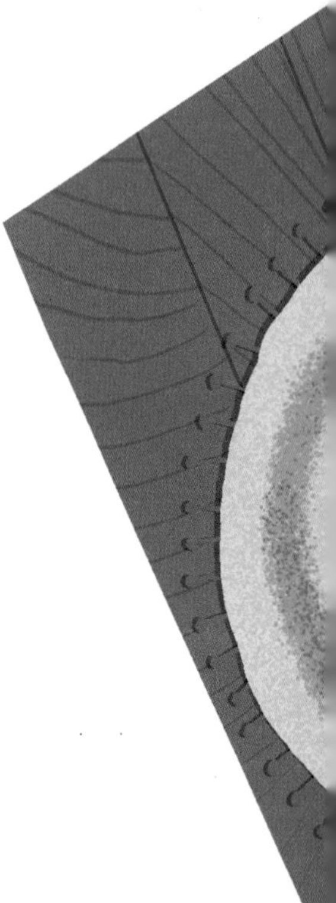

미나는 정은이에게 전화를 걸었어요.

디-리리링♬ 링링♪

디-링링♬ 리리링♩

디-리리링♬ 링링♪

디-링링♬ 리리링♩

"어라? 휴대 전화를 안 받네. 집으로 전화해야겠어."

뚜르르-뚜르르르르-뚜르르

"여보세요."
수화기 건너편에서 누군가 전화를 받았어요.
미나는 다짜고짜 말했어요.
"정은아, 너 그거 해 봤어?"
그러자 수화기 너머에서 웃음소리가 들렸어요.
"잠깐만 기다리렴. 정은이 바꿔 줄게. 정은아!"
어머! 정은이가 아니라 정은이 엄마였지 뭐예요.
"아차!"
미나는 무릎을 탁 쳤어요. 휴대 전화가 아니라 집전화였다는 사실을 깜빡 잊어버렸던 거예요.
옆에서 치치가 혀를 끌끌 찼어요.
"넌 전화 예절도 모르니? 전화할 때는 서로 얼굴을 보지 못하니까 자기소개부터 해야지!"

"그건 아는데……. 야, 잠깐 까먹은 거야!"

"아이고, 잊어버릴 게 따로 있지. 자, 내가 옆에서 가르쳐 줄 테니까 따라해 봐!"

상황에 따라 알맞게 전화를 걸어요!

1) 일반 전화로 전화할 때

늦은 밤이나 이른 아침에는 되도록 전화를 하지 않아야 해요. 만약, 잘못 걸었을 때에는 "죄송합니다."라고 사과하고요. 전화를 걸기 전에 꼭 전화 번호가 맞는지 확인해야 해요.

2) 휴대 전화로 전화할 때

걸어 다니면서 통화하면 안 돼요. 그리고 학교에서나 공연관람 중에는 전화벨 소리가 나지 않게 진동으로 해 놓거나 전원을 꺼 놓아야 해요.

3) 공공장소에서 전화할 때

가급적이면 통화를 하지 않는 편이 좋아요. 그러나 꼭 통화를 해야 할 때는 작은 목소리로 짧게 통화해야 해요. 공중전화를 사용할 때는 용건만 간단히 말하고 빨리 끊어요. 주변이 시끄러우면 나중에 다시 걸겠다고 하거나 잠시 뒤에 다시 전화하라고 부탁해요.

잠시 뒤, 정은이가 전화를 받았어요.

“여보세요.”

옆에서 치치가 말했어요.

“야, 자기소개!”

“어? 아, 정은이니? 나 미나야.”

“응, 미나야.”

치치가 또다시 주둥이로 미나의 옆구리를 콕 찌르며 말했어요.

“용건을 말해야지.”

“어? 아, 정은아. 아까 내가 말한 대로 해 봤어? 혹시 참새 인형에 변화가 있어?”

그러자 정은이가 우물쭈물하며 말했어요.

“변신하긴 했는데…….”

"그런데?"

"갑자기 펑! 소리가 나더니 인형이 참새로 변했어!"

"진짜?"

"그런데 다시 펑! 소리가 나더니 인형으로 돌아가 버렸어!"

"응?"

미나는 깜짝 놀랐어요. 대체 무슨 말인지 알아들을 수가 없었어요. 가만히 미나를 보고 있던 치치가 한마디 했어요.

"야, 언제까지 전화기 붙들고 있을 거야. 통화는 짧고 간단하게, 용건은 정확하고 구체적으로 말하는 거 몰라?"

미나는 서둘러 정은이에게 말했어요.

"정은아, 내가 지금 너희 집으로 갈게. 기다려!"

"응! 얼른 와 줘!"

"그래!"

미나는 통화 종료 버튼을 꾹 눌렀어요. 그리고 치치를 보며 말했어요.

"지금 나랑 같이 정은이네 집에 가자. 티티에게 무슨 일이 생겼는지 알아봐야겠어!"

"어. 어?"

치치가 동그란 눈을 꿈뻑거리며 고개를 갸우뚱갸우뚱거렸어요. 미나는 냉큼 치치를 안아서 어깨 위에 올려놓았어요.

"떨어지지 않게 꽉 잡고 있어!"

"어? 어."

어안이 벙벙해진 치치는 저도 모르게 앞발에 힘을 꽉 주었어요. 미나는 한 손으로 치치의 몸을 지그시 누르고, 다른 손으로 방문을 열었어요.

'대체 정은이랑 티티에게 무슨 일이 일어난 걸까?'

전화 통화에 대해 알아보아요!

전화 통화는 전화를 거는 사람과 받는 사람이 있어요. 전화를 사용하면 직접 만나지 않아도 이야기를 나눌 수 있어 편하답니다. 하지만, 서로 얼굴을 보지 않고 이야기하기 때문에 상대방에게 듣고 있다는 표시를 해 줘야 해요. 또한, 상대방이 전화를 받을 수 있는 상황인지 물어봐야 해요. "여보세요"는 전화할 때 자주 사용하는 말이랍니다.

꼭 알아둘 점

용건을 이야기하기 전에 자기가 누군지 말하고, 주변 사람들에게 피해가 가지 않도록 작은 목소리로 이야기해야 해요. 용건은 정확하고 구체적으로 말하고, 통화는 짧고 간단히 하는 게 좋아요. 또한, 혼자서만 이야기하면 안 돼요. 상대방도 말할 수 있게 상대방의 이야기를 끝까지 들어줘야 해요. 만약, 전화가 끊기면 전화기를 내려놓고 잠시 기다렸다가 다시 걸어요. 어른과 통화할 때는 어른이 먼저 전화를 끊을 때까지 기다려야 해요.

1) 전화를 걸 때 주의할 점

① 전화하기 전에 전화해도 괜찮은 시간인지 살펴보아요.
② 전화로 할 말을 생각한 다음 전화번호를 확인해요.
③ 전화를 건 사람이 누구인지 밝히고 용건을 말해요.
④ 끝인사를 하고 전화를 건 사람이 먼저 끊어요.

2) 전화를 받을 때 주의할 점

① 전화가 오면 빨리 받아요.
② 전화를 받은 사람이 누구인지 밝히고 중요한 내용을 적어요.
③ 끝인사를 하고 전화를 건 사람이 끊을 때까지 기다려요.

알맹이 마당

속담과 전화 예절을 알아보아요

♥ 사실, 의견, 까닭은 어떻게 다를까요?

오늘 아침 밥을 먹었다.

사실

실제로 일어난 일이에요. 대부분의 사람들이 그렇다고 생각하지요.

밥이 참 고소했다.

의견

사실에 대한 자기의 느낌이나 생각이에요. 사람마다 전혀 다르게 표현할 수 있어요.

올해 새로 나온
햅쌀이라서 그런가 보다.

까닭

의견을 뒷받침하는 사실 또는 이유예요. 어떤 의견이 잘 드러나도록 말하거나 글을 쓰기 위해서는 반드시 의견에 알맞은 까닭을 들어야 해요.

♥ 왜 속담을 쓰는 걸까요?

'가는 날이 장날이다.', '까마귀 날자 배 떨어진다.', '세살 버릇 여든까지 간다.' …… 이 말들은 속담이에요.

속담에는 생활 속의 지혜와 삶의 진리가 들어 있어요. 손뼉을 칠 만큼 기가 막힌 재치와 웃음이 넘치는 즐거움도 담겨 있어요. 또, 옛사람들의 생활 풍습과 그 시대의 과학도 담겨 있지요.

이야기할 때 속담을 사용하면 나의 생각을 좀 더 효과적으로 전달할 수 있답니다. 속담을 써서 주장할 때에는 속담을 먼저 말하고 주장할 내용을 말하거나, 그 반대로 주장할 내용을 먼저 말하고 속담으로 뒷받침할 수도 있어요. 이때, 나의 주장과 알맞은 속담을 활용하도록 주의해야 해요.

'믿는 도끼에 발등 찍힌다.'

믿는 사람에게 배신을 당한다는 뜻

'아니 땐 굴뚝에 연기 날까.'

실제로 일이 있었으니까 소문이 난다는 뜻

♥ 상황에 맞게 전화를 걸어요

일반 전화로 전화할 때

늦은 밤이나 이른 아침에는 전화하지 말아야 해요. 잘못 걸었을 때에는 "죄송합니다."라고 사과해요. 그리고 전화 걸기 전에 먼저 걸고자 하는 곳의 전화번호가 맞는지 꼭 확인해야 해요.

휴대 전화로 전화할 때

걸어 다니면서 통화하지 말아야 해요. 특히 학교에서 수업 중이거나 공연 관람 중에는 전화벨 소리가 나지 않게 진동으로 바꾸거나 아예 꺼 놓도록 해요.

공공장소에서 전화할 때

가급적 통화를 하지 않는 편이 좋아요. 꼭 통화를 해야 한다면 작은 목소리로 짧게 통화하고, 공중전화를 사용할 때에는 용건만 간단히 말한 다음 빨리 끊어요. 주변이 시끄러울 때에는 상대방에게 나중에 다시 걸겠다고 하거나, 잠시 뒤에 다시 전화하라고 부탁해요.

♥ 전화를 걸거나 받을 때 주의해야 하는 일

1. 전화를 걸 때 주의해야 할 일을 알아 두세요.

① 전화하기 전에 전화해도 괜찮은 시간인지 살펴보아요.

② 전화로 말할 내용을 생각한 다음 전화번호를 확인해요.

③ 전화를 건 사람이 누구인지 밝히고 용건을 말해요.

④ 끝인사를 하고 전화를 건 사람이 먼저 끊어요.

2. 전화를 받을 때 주의해야 할 일을 알아 두세요.

① 전화가 오면 빨리 받아요.

② 전화를 받은 사람이 누구인지 밝히고 중요한 내용은 메모하세요.

③ 끝인사를 하고 전화를 건 사람이 끊을 때까지 기다려요.

문제 마당

도전! 나도 백점

♥ 의견과 까닭을 알아볼까요?

1~4. 다음 글을 읽고 물음에 답해 보아요.

선생님께

선생님, 우리 반 친구 중에

급식 시간에 밥을 엄청나게 많이 먹는 아이가 있어요.

너무 많이 먹어서 다른 아이들이 그 아이를 놀려요.

그 아이의 이름은 김수민이랍니다.

선생님, 수민이가 왜 밥을 많이 먹는지 아세요?

왜냐하면, 수민이는 아침도 못 먹고, 저녁도 못 먹는대요.

그래서 점심을 많이 먹는 거래요.

왜냐하면, 수민이는 엄마가 안 계시고 아빠랑 단 둘이 살아요.

그래서 밥을 해 줄 사람이 없대요.

수민이를 위해서 점심 때 남은 밥과 반찬을 싸 주었으면 좋겠습니다.

6월 15일 정민이 올림

1. 이와 같은 종류의 글을 무엇이라고 하나요? 알맞지 않은 것을 모두 골라 보아요.

① 쪽지글

② 편지글

③ 연설문

④ 일기

2. 이 글에서 말하는 의견은 무엇일까요?

① 수민이는 나쁜 돼지다.

② 수민이는 밥을 많이 흘린다.

③ 수민이는 급식 시간에 밥을 많이 먹는다.

④ 수민이에게 점심 때 남은 밥과 반찬을 싸 주었으면 좋겠다.

3. 수민이가 밥을 많이 먹는 까닭은 무엇일까요?

① 다이어트를 싫어해서

② 아침과 저녁을 굶어서

③ 원래 많이 먹어서

④ 밥이 맛있어서

4. 이 글에 나타난 두 가지의 까닭을 써 보아요.

1. ______________________________

2. ______________________________

5. 다음 아이들은 의견이 들어 있는 글의 특성을 말하고 있습니다. 알맞지 않은 말을 한 사람은 누구일까요?

정수: 어떤 문제에 대한 글쓴이의 의견이 들어 있어요.

민지: 의견에 대한 까닭이 들어 있어요.

원효: ~하자, ~하여야 한다, ~왜냐하면, ~ 때문이다 등의 표현이 쓰여요.

정재: 날짜와 요일이 들어 있어요.

♥ 바른 전화 예절이란?

6~8. 다음 글을 읽고 물음에 답해 보아요.

〈그림1〉

〈그림2〉

〈그림3〉

6. 〈그림 1〉에서 잘못된 전화 예절은 무엇일까요?

① 공공장소에서 시끄럽게 말했다.

② 너무 큰 소리로 말했다.

③ 얼굴을 볼 수 없는 전화통화에서 자기소개를 먼저 하지 않았다.

④ 상대방의 얘기가 끝나지 않았는데 전화를 먼저 끊었다.

7. 〈그림 2〉에서 잘못된 전화 예절은 무엇일까요?

① 얼굴을 볼 수 없는 전화통화에서 자기소개를 먼저 하지 않았다.

② 공공장소에서 큰 소리로 전화했다.

③ 상대방이 전화를 받을 수 없는 상황인데 계속 통화했다.

④ 상대방의 얘기가 끝나지 않았는데 전화를 먼저 끊었다.

8. 〈그림 3〉에서 전화 예절을 바르게 지키려면 어떻게 해야 할까요?

정답

1. ③, ④ 2. ④ 3. ② 4. 1. 왜냐하면, 수민이는 아침도 못 먹고, 저녁도 못 먹는대요. 2. 왜냐하면, 수민이는 엄마가 안 계시고 아빠랑 단 둘이 살아요. 5. 정재 6. ③ 7. ③ 8. 작은 목소리로 얘기하고, 빨리 끊어야 합니다.

4장

이제 우리 화해하자!

공부할 내용

▶ 훈화를 하는 사람의 마음을 이해하며 들을 수 있어요.

▶ 이야기를 읽고 내용을 간추릴 수 있어요.

▶ 글을 읽으며 일이 일어난 순서를 알 수 있어요.

이야기 마당

독서 골든벨

우리 학교에서 독서 골든벨을 실시하기로 했어요. 1등에겐 푸짐한 상품을 줄 거예요.
와
와
독서 골든벨을 울리려면 어떻게 해야 할까?
당연히 책을 많이 읽어야지.
우리 도서관 갈래?
좋아! 우리가 제일 많이 읽자!
다 읽었다!
나도! 벌써 백 권째다!

한 줄 읽기

일어난 일과 그 일이 일어난 까닭을 연결하여 곰곰이 생각해 보면 이야기를 잘 간추릴 수 있어요.

"헉헉, 다 왔다."

정은이네 집 문 앞에 도착한 미나는 숨을 몰아쉬었어요.

딩동, 초인종을 누르자 달칵 문이 열리고 정은이가 튀어나왔어요.

"미나야……."

"정은아, 무슨 일이야? 응?"

"그러니까……."

정은이는 울상을 지었어요.

"아까부터 계속 펑펑 변신하고 있어."

"펑펑 변신하다니?"

미나가 고개를 갸웃하자 정은이는 손가락으로 자기 방 쪽을 가리켰어요.

"그 참새 인형 말이야. 설명서대로 했는데……, 뭔가가 잘못되었나 봐. 참새로 변했다가 다시 인형으로 변했다가 또다시 참새로 변했다가……, 아까부터 계속 그러고 있어!"

그때, 미나의 뒤통수 머리카락 속에 숨어 있던 치치가 고개를 쭉 내밀었어요.

"참새 인형? 너 지금 참새 인형이라고 했어?"

"응?"

갑자기 나타난 치치를 본 정은이는 어리둥절해 눈만 깜빡깜빡거렸어요. 그러다 눈이 점점 동그래지며 놀란 표정으로 변했어요.

"너, 너, 너! 네가 혹시 그 치치?"

"그래."

"얘가 그 족제비 인형이 변신한 요술 족제비야? 우와, 우와, 진짜 신기해. 사람 말도 할 줄 알아? 우와, 우와, 믿을 수 없어!"

정은이는 잔뜩 흥분해서 어쩔 줄 몰라 했어요. 반면, 치치는 얼굴을 찡그린 채 정은이의 말은 아랑곳없이 제 할 말만 했어요.

"그러니까 네가 지금 참새 인형을 가지고 있다는 거야?"

"응? 아, 응! 내 방에 있어. 자, 어서 들어와!"

미나와 치치는 정은이를 따라 방 안으로 들어갔어요. 그랬더니 이게 웬일이에요?

펑! 펑! 퍼펑! 펑!

정말 동글동글한 물체 하나가 계속 펑펑 소리를 내며 이리 튀고, 저리 튀고 있었어요. 미나는 깜짝 놀랐어요.

"왜, 왜 저래?"

미나의 어깨 위에 앉아 이 모습을 지켜보던 치치가 말했어요.

"저 녀석이 티티야. 저건 마법이 풀리다 말아서 그래."

치치는 정은이를 돌아보며 말했어요.

"너 정말 설명서대로 했어?"

"음……. 그, 그게."

정은이는 잠시 망설이더니 이내 솔직히 대답했어요.

"사실은 설명서에 나온 주문을 외우다가 말을 좀 더듬었는데……. 하지만 금방 다시 처음부터 외웠는걸."

치치는 고개를 절레절레 흔들었어요.

"처음에 주문을 제대로 외우지 못해서 마법이 풀리다 만 거야. 할 수 없지. 이렇게 됐으니 억지로 마법을 풀 수밖에!"

치치는 폴짝 뛰어 의자, 책상, 책장을 딛고 팽그르르 재주넘기를 했어요. 그러고는 이리저리 통통 뛰어 다니는 티티를 앞발로 잡아챈 후 바닥에 착! 내려앉았어요.

"삐까삐까, 까까루루 — 뽀까뽀까, 까까로로!"

퍼퍼펑!

요란한 소리와 함께 보랏빛 연기가 모락모락 피어올랐어요. 잠시 뒤, 연기가 걷히면서 작은 참새 한 마리가 치치의 앞발에 눌려 바동대는 모습이 보였어요.

"캑캑, 야! 너 빨리 앞발 안 치워?"

티티는 사납게 치치에게 쏘아붙였어요. 그러자 치치는 화가 났는지 앞발에 힘을 더욱 꽉 주며 소리를 질렀어요.

"이 건방진 꼬마 참새 같으니라고! 내 날카로운 발톱 맛을 봐야 정신 차릴래?"

티티 역시 한마디도 지지 않았어요.

"너야말로 내 뾰족한 부리에 혼쭐이 나고 싶구나! 자, 덤벼. 이 방정맞은 족제비!"

치치와 티티는 금방이라도 서로 잡아먹을 듯 으르렁거렸어요. 그 모습을 본 미나는 걱정이 되었어요.

“정은아, 저렇게 싸우다가 둘 다 다치겠어. 쟤들 말리자!”

“어? 어, 응!”

미나와 정은이는 얼른 달려가 치치와 티티를 붙잡았어요. 미나는 치치를 꼭 붙들고, 정은이는 티티를 끌어안았지요. 그러고는 미나가 차분하게 달래듯 말했어요.

“얘들아, 그만 싸워. 분명히 서로 오해가 있었을 거야. 어떻게 된 일인지 우리 함께 하나씩 차근차근 얘기해 보자.”

미나가 치치와 티티에게 물었어요.

"너희는 대체 왜 서로 싸우게 된 거야?"

치치가 먼저 대답했어요.

"말했잖아! 티티가 친구들에게 내 흉을 보았다고. 친구라고 철석같이 믿었는데 어떻게 그럴 수 있어?"

그러자 티티가 발끈해서 소리쳤어요.

"내가 네 흉을 보았다고? 거짓말하지 마. 네가 내 흉을 보고 다녔잖아!"

티티의 말에 치치가 눈을 동그랗게 뜨며 말했어요.

"난 네 흉을 본 적이 없어!"

"나도 그런 적 없어!"

치치와 티티는 서로의 얼굴을 보며 고개를 갸우뚱갸우뚱했답니다.

일이 일어난 까닭을 찾아보아요!

주인공이 한 말과 행동의 원인을 찾아서 다음에 어떤 일이 일어났는지 생각해 보면 일이 일어난 까닭을 알 수 있어요.
일이 일어난 까닭을 생각하면 왜 그 일이 일어나게 되었는지 알 수 있고, 이야기의 흐름을 잘 이해할 수 있답니다. 또한, 내용을 잘 간추릴 수 있지요.

“이게 어떻게 된 일이지?”

그때, 미나가 슬쩍 끼어들며 말했어요.

“티티야, 너는 치치가 네 흉을 보고 다닌다는 이야기를 누구에게 들었어?”

“타라! 타라가 말해 줬어.”

미나는 치치를 돌아보며 물었어요.

“치치야, 넌 아까 누구한테 이야기를 들었다고 했지?”

“나도 타라에게 들었어.”

미나는 치치와 티티를 번갈아 보며 말했어요.

“결국 너희는 타라가 하는 말만 듣고 서로 오해한 거야. 그런데 타라가 왜 그랬을까?”

티티와 치치는 잠시 생각하더니 둘 다 고개를 절레절레 저었어요.

“모르겠어.”

그때까지 가만히 이야기를 듣고 있던 정은이가 말했어요.

“너희 둘이 특히 사이가 좋았다고 했지? 혹시 타라가 질투한 건 아닐까? 그래서 너희 둘이 오해해서 다투도록 거짓말을 한 거고.”

치치와 티티, 미나 모두 정은이를 쳐다보았어요.

“생각해 봐! 지금까지 일어난 일을 순서대로 정리해 보면 그 이유를 알 수 있다고.”

정은이는 팔짱을 끼며 확신에 찬 목소리로 말하기 시작했어요.

❶ 타라가 치치에게 거짓말을 했어.

❷ 그래서 치치는 티티를 오해하고 미워하게 됐어.

❸ 타라가 티티에게 거짓말을 했어.

❹ 그래서 티티는 치치를 오해하고 미워하게 됐어.

❺ 티티와 치치는 서로 오해하고 미워하게 됐어.

❻ 그래서 서로 만나기만 하면 으르렁거리며 싸웠어.

그리고 정은이는 잠깐 생각하더니 다시 말했어요.
"너희 모두 싸우고 난 다음에 타라와 친해지지 않았어?"
치치와 티티는 고개를 끄덕였어요.
"응, 타라랑 진짜 친해졌지!"
정은이는 예상했다는 듯 사뭇 진지한 표정으로 이야기했어요.
"역시, 내 생각이 맞았어!"

이야기의 흐름을 파악하고 내용을 간추려 보아요!

1단계) 일어난 일의 순서를 생각하고 정리해 보아요.
2단계) 그 일이 일어난 까닭을 생각해 보아요. 대부분 먼저 일어난 일은 나중에 일어난 일의 까닭이 돼요.
3단계) 일어난 일과 그 일이 일어난 까닭을 연결하면 이야기를 잘 간추릴 수 있답니다.

치치와 티티는 어리둥절한 표정으로 정은이를 쳐다보았어요. 미나도 정은이의 얼굴만 물끄러미 바라보았어요.

"타라는 분명 사이좋은 너희가 샘났을 거야. 그래서 너희에게 거짓말을 해서 서로를 오해하게 만든 게 분명해!"

정은이는 의기양양하게 말을 이었어요.

"하지만 너희도 잘못했어. 물론 거짓말을 한 타라가 가장 잘못했지만, 너희도 타라가 하는 말만 믿고 서로 의심하고 오해했잖아. 친구 사이에 그러면 안 돼. 서로 믿어야지."

그때, 미나는 문득 얼마 전에 들었던 교장 선생님의 훈화가 떠올랐어요.

"맞아, 맞아! 교장 선생님도 친구 사이에 믿음이 중요하다고 말씀하셨어. 정은이 너도 기억나지?"

훈화를 알아보아요!

훈화란?

우리가 바르게 자랄 수 있도록 도와주는 교훈이 들어 있는 말이에요. 웃어른이 특별한 날이나 학생들의 잘못된 행동을 바로잡을 때 그리고 칭찬할 일이 있을 때 훈화를 하지요.

훈화를 잘 들으려면?

훈화를 하게 된 이유와 듣게 된 까닭을 생각해요. 그리고 훈화에서 중요한 내용을 찾아 봐요. 훈화를 하게 된 까닭과 훈화의 내용, 나의 생활을 연결지어 생각하면 훈화에서 교훈을 찾을 수 있답니다.

“응! 교장 선생님이 관포지교 이야기를 해 주셨잖아.”

치치와 티티가 고개를 갸웃하며 물었어요.

“관포지교가 뭐야?”

‘관포지교(管鮑之交)’ 란 관중이라는 사람과 포숙이라는 사람이 친구가 되었다는 뜻이에요. 서로 믿고 이해하며 허물까지도 감싸 안을 만큼 깊게 사귀는 우정을 의미하는 고사성어랍니다.

미나가 이야기했어요.

“옛날 중국에 관중이랑 포숙이라는 사람이 살았어. 두 사람은 함께 일을 했는데, 어느 날 관중이 포숙을 속이고 혼자 돈을 모두 차지했지. 그런데 포숙은 관중이 너무 가난해서 그랬을 거라고 너그럽게 이해해 주었대.”

정은이가 미나의 말을 이어받았어요.

“관중이 전쟁터에서 세 번이나 도망쳤을 때도 포숙은 관중에게 비겁하다고 손가락질하지 않았어. 오히려 관중의 어머니가 몹시 연세가 많아서 그런 거라고 감싸 주었어.”

미나가 이야기를 마무리했어요.

"그래서 관중이 '나를 낳은 것은 부모지만, 나를 아는 것은 오로지 포숙뿐이다.' 라고 말했대."

치치와 티티는 고개를 끄덕였어요. 정은이가 한마디 덧붙였어요.

"친구 사이에 믿음이 얼마나 중요한지 이제 알았지? 너희도 관중과 포숙을 본받아야 해. 나랑 미나처럼!"

"응……."

"알았어."

치치와 티티는 부끄러운지 고개를 푹 수그렸어요. 그 모습을 본 미나는 방긋 웃으며 말했어요.

"서로 오해가 풀렸으니 이제 화해하자. 응?"

정은이도 맞장구쳤어요.

"그래, 그래! 얼른 화해해!"

미나와 정은이가 옆에서 부추긴 덕분일까요. 치치와 티티는 슬그머니 고개를 들고 서로를 멋쩍게 바라보았어요.

"그동안 오해해서 미안해."

"나야말로 미안해."

둘은 피식피식 웃기 시작했어요. 그러자 오랫동안 가슴 속에 꼭꼭 담아 두고 있었던 나쁜 마음이 눈 녹듯 녹아 내렸어요. 미나와 정은이가 동시에 물었어요.

"너희 이제 화해한 거지?"

치치와 티티는 방긋 웃으며 입 모아 대답했어요.

"응, 이제 우리 화해했어! 너희 덕분이야, 정말 고마워!"

알맹이 마당

이야기를 파악하고 내용을 간추려 보아요!

♥ 훈화에 대해 알아보아요

훈화란, 우리가 바르게 자랄 수 있도록 도와주는 교훈이 들어 있는 이야기랍니다. 예를 들면, 이순신 장군의 어린 시절 이야기 속에는 작은 일이라도 깊이 탐구해야 한다는 교훈이 들어 있지요.

훈화는 웃어른이 특별한 날이나 학생들의 잘못된 행동을 바로잡을 때, 또는 칭찬할 일이 있을 때 해요. 교장선생님이나 담임선생님 등 어른들이 우리들에게 말씀해 주시지요.

훈화는 어떻게 들어야 할까요?

훈화를 하게 된 이유와 듣게 된 까닭을 생각해요.

훈화에서 중요한 내용을 찾아요. 훈화를 하게 된 이유와 훈화의 내용을 내 생활과 연결 지어 생각하면 훈화에서 교훈을 찾을 수 있어요.

♥ 일이 일어나는 순서를 알아보아요

이야기를 잘 읽는 방법을 알려 줄게요. 먼저 일이 일어나는 순서를 생각해야 해요. 일이 일어나는 순서를 알아내는 방법은 크게 세 가지가 있어요.

금요일, 낮 12시…….

1. 시간의 변화를 살펴보아요.

운동장에서 교실로…….

2. 장소의 변화를 살펴보아요.

교실에서 축구를 하다가 선생님께 혼났다.

3. 인물이 한 일을 차례대로 살펴보아요.

♥ 이야기의 흐름을 파악하고 내용을 잘 간추려 보아요

간단한 이야기가 아니라, 길고 복잡한 이야기를 잘 읽으려면 어떻게 해야 할까요? 읽는 중간에 내용을 잊어버리면 재미도 없고, 다 읽은 후에도 머릿속에 남는 게 없어요. 이야기를 읽을 때 이야기의 흐름을 파악하고, 내용을 잘 간추릴 수 있는 세 가지 방법을 알려 줄게요.

1. 일어난 일을 순서대로 떠올리고 정리해요.

2. 그 일이 일어난 까닭을 생각해요. 대부분 먼저 일어난 일은 나중에 일어난 일의 까닭이랍니다.

3. 일어난 일과 그 일이 일어난 까닭을 연결해 보아요. 그러면 이야기를 잘 간추릴 수 있어요.

♥ 일이 일어난 까닭을 찾아보아요

이야기를 읽을 때 일어난 일과 그 일이 일어난 까닭을 꼭 찾아야 해요. 이건 아주 중요해요.

먼저, 주인공이 무슨 말을 했고, 어떤 행동을 했는지 살펴보아요. 그리고 주인공이 왜 그런 말과 행동을 했는지 생각해 보아요. 그러면 일이 일어난 까닭을 찾을 수 있어요.

일이 일어난 까닭을 생각하면 왜 그 일이 일어나게 되었는지 알 수 있어요. 그러면 이야기의 흐름을 잘 이해할 수 있게 되지요. 이것이 바로 진짜 책읽기랍니다.

문제 마당

도전! 나도 백점

♥ 좋은 생각이 있어요

1~5. 다음 글을 읽고 물음에 답해 보아요.

개학이 다가오고 있어요. 정민이는 일기 쓰는 게 정말 싫어요. 쓸 내용도 생각나지 않아요. 날마다 밥 먹고, 똥 싸고, 잤다는 얘기밖에 쓸 게 없어요.

그래서 정민이는 인터넷에서 일기를 찾아 베껴 쓰기로 마음먹었어요. 정민이는 인터넷에서 일기를 찾아 하루 만에 열흘 동안의 일기를 베껴 썼답니다.

드디어 개학 날, 학교에 갔어요. 선생님이 방학 숙제를 보고 깜짝 놀라며 말씀하시네요.

"너희는 어떻게 일기가 다 똑같니?"

1. 이 글에 등장하는 인물은 누구누구일까요? 모두 찾아 써 보아요.

2. 정민이가 왜 인터넷으로 일기를 찾아 베껴 썼을까요?
① 인터넷 일기가 재미있어서
② 일기 쓰는 게 너무 좋아서
③ 일기 쓰기 싫어서
④ 쓰기 공부를 하려고

3. 일이 일어난 순서를 알아내는 방법으로 알맞지 않은 것은 무엇일까요?
① 시간의 변화를 살펴보아요.
② 장소의 변화를 살펴보아요.
③ 인물이 한 일을 차례로 살펴보아요.
④ 돈을 쓴 경우를 찾아보아요.

4. 이야기의 내용을 잘 간추리는 방법으로 알맞지 않은 것은 무엇일까요?
① 일이 일어난 순서를 생각하고 정리해 보아요.
② 일이 일어난 까닭을 생각해요. 대부분 먼저 일어난 일이 나중에 일어난 일의 까닭이 돼요.
③ 이야기를 그대로 베껴 써 보아요.
④ 일어난 일과 그 일이 일어난 까닭을 연결해 보아요.

5. 이 이야기의 끝은 어떻게 되었을까요? 상상해서 써 보아요.

6~8. 다음 글을 읽고 물음에 답해 보아요.

캄캄한 밤입니다. 작은 별이 하늘에 떠 있네요. 작은 별은 울고 있었어요.

"작은 별아, 왜 울고 있니?"

지나가는 혜성이 물었어요.

"엄마가 없어서요. 엄마가 없어서 무서워요."

"별은 원래 엄마가 없단다."

혜성이 말했어요. 작은 별은 고개를 흔들었어요.

"아녜요! 우리 엄마는 분명히 있어요!"

다음 날 아침, 해님이 떠올랐어요.

"아, 눈부셔! 우리 엄마 못 보셨어요?"

"너에게도 엄마가 있었니?"

6. 이야기를 간추리는 방법으로 알맞은 것을 모두 골라 보아요.

① 시간의 순서에 따라 간추려요.

② 장소의 변화에 따라 간추려요.

③ 대사의 흐름에 따라 간추려요.

④ 주인공이 만나게 되는 등장인물에 따라 간추려요.

7. 이 이야기를 한 줄로 간추리면 어떻게 될까요? 한 문장으로 정리하여 써 보아요.

____

8. 이 글에서 시간을 나타내는 말은 무엇인지 모두 골라 보아요.

① 캄캄한 밤

② 하늘

③ 다음 날 아침

④ 눈부신 해님

정답

1. 정민, 선생님 2. ③ 3. ④ 4. ③ 5. 예) 선생님이 일기가 똑같은 친구들을 모두 모아놓고 왜 그랬는지 이유를 무도 다시 써오라고 한다. 6. ①, ②, ④ 7. 예) 작은 별이 엄마를 찾으면서 울자, 혜성과 해님이 엄마가 있냐고 물어봅니다. 8. ①, ③

독서 감상문 쓰기는 정말 싫어!

공부할 내용

- 독서 감상문을 잘 쓸 수 있어요.
- 독서 감상문에서 글쓴이의 감상을 찾을 수 있어요.
- 여러 가지 형식으로 독서 감상문을 쓸 수 있어요.
- 독서 감상문을 쓸 때 반드시 생각해야 할 점을 알 수 있어요.

이야기 마당

수상한 독서 감상문

한줄 쓰기

독서 감상문에는 책의 내용과 책을 읽고 난 다음 느낀 감상이 들어가요.

"자, 오늘 수업은 여기서 마치자꾸나. 모두 내일까지 독서 감상문 써 오는 것 잊지 않았지?"

"네!"

선생님의 말씀에 반 아이들이 입을 모아 대답했어요. 미나만 빼고요.

'앗! 깜빡 잊어버렸다! 책을 하나도 안 읽었는데 어쩌지?'

일주일 전에 선생님께서 수행평가 숙제로 독서 감상문을 써 오라고 하셨어요. 그런데 미나는 숙제가 있었다는 사실을 까맣게 잊고 있었지 뭐예요. 선생님이 계속 말씀하셨어요.

"잊지 말고 꼭 써 와야 해. 내일까지 독서 감상문을 내지 않으면 수행평가 점수 감점이야."

"네!"

이번에도 반 아이들은 힘차게 대답했어요. 물론 미나만 빼고요.

'에라, 모르겠다. 책 읽을 시간도 없는데 그냥 인터넷에서 찾아 베껴야지.'

그때, 선생님이 말씀하셨어요.

"늘 말하지만 너무 어렵게 생각하지 말고, 책을 읽고 느낀 점을 자유롭게 써 오면 된단다. 인터넷에서 남이 써 놓은 글을 찾아 베껴 오면 안 돼. 알았지?"

"네!"

하지만 미나는 선생님의 말씀을 듣는 둥 마는 둥 했어요. 이미 미나는 인터넷에서 독서 감상문을 찾아 베껴 쓰기로 마음먹었거든요.

독서 감상문을 알아보아요!

독서 감상문이란?

책을 읽고 난 후 쓰는 글이에요. 독서 감상문에는 책을 읽게 된 동기와 책의 내용, 책을 읽은 후 떠오른 생각과 느낀 점을 쓴답니다. 책의 내용을 쓸 때에는 책의 줄거리를 간단히 요약하거나 설명하는 글 또는 문장으로 표현해요.

자신의 생각과 느낀 점을 쓰려면?

인상 깊었던 장면이나 반성한 점, 새롭게 깨달은 점 등이 잘 드러나게 써야 해요. 글쓴이의 생각이나 느낌은 '~라고 생각한다.', '~라고 느꼈다.' 등으로 표현하면 돼요.

집에 돌아온 미나는 책상 앞에 앉아 컴퓨터를 켰어요.

"책 제목이 뭐였더라? 『성공한 사람에게 없는 것, 게으름』?"

윈도우가 시작되자 인터넷 창을 열고 검색창에 책 제목을 또박또박 입력했어요.

'성공한 사람에게 없는 것, 게으름'

금세 컴퓨터 화면에 검색 결과가 줄줄이 떴어요. 미나는 검색 결과를 하나하나 살펴보며 원하는 내용을 찾았어요. 그러다 마침내 마음에 쏙 드는 블로그를 발견했어요. 그 블로그에는 독서 감상문이 줄거리와 감상으로 나뉘어 올라와 있었어요.

"히히, 되게 좋다. 다른 블로그보다 감상이 더 많은데? 다음에 또 독서 감상문 수행평가 있으면 그때도 여기서 찾아 베껴야겠다."

미나는 마우스 오른쪽 버튼을 클릭했어요. 간편하게 복사해서 메모장에 붙여 넣을 생각이었거든요.

독서 감상문을 읽는 방법을 알아보아요!

독서 감상문에는 책의 내용과 책을 읽고 난 다음의 감상이 반드시 함께 들어가야 해요.

1) 책의 내용에는 등장인물, 중요한 사건, 사건이 일어난 상황 등이 들어가요. 책의 내용은 책의 줄거리를 요약한 부분이나, 사건을 설명하는 부분에서 찾지요. 책의 내용을 고스란히 옮긴 부분도 있어요.
2) 책을 읽은 다음의 감상에는 말 그대로 책을 읽으며 생각하고 느낀 점, 깨닫고 반성한 점, 인상 깊었던 점 등이 들어가요. 독서 감상문을 쓴 사람의 생각이나 느낌이 담긴 부분, 감정을 표현하거나 판단을 쓴 부분에서 찾으세요.
3) 독서 감상문을 읽을 때 책의 내용과 글쓴이의 감상을 구별하려면 두 부분을 서로 다른 색깔로 줄을 긋거나 괄호 표시를 해요. 그게 가장 쉽고 확실한 방법이랍니다.

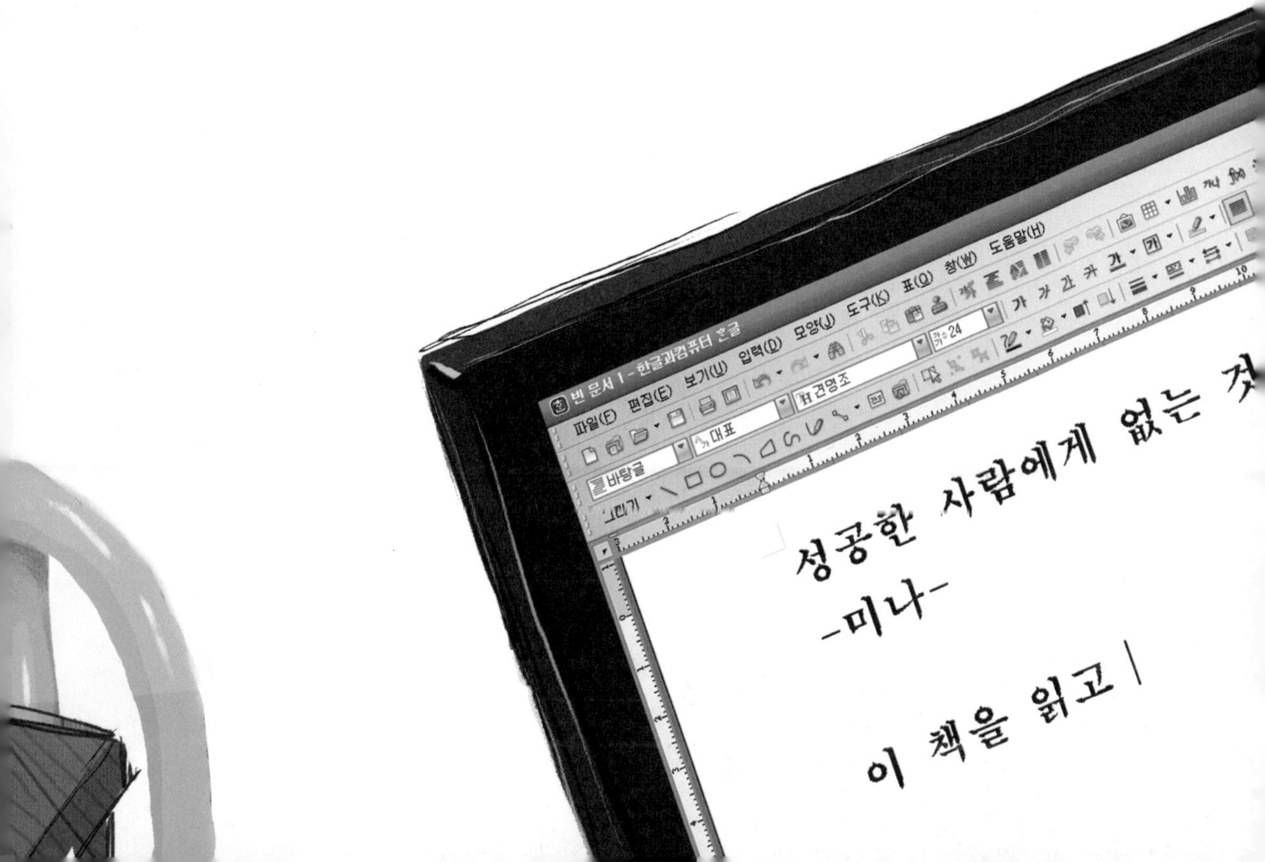

“어? 막아 놨네. 에잇, 어쩔 수 없지 뭐.”

블로그 주인이 자신의 허락 없이 마음대로 내용을 베낄 수 없도록 마우스 오른쪽 버튼을 못 쓰게 막아 놓은 거예요. 미나는 할 수 없이 한글 창을 열고 블로그 내용을 한 자 한 자 옮겨 타자를 치기 시작했어요.

그때였어요.

“야, 너 뭐하고 있어?”

치치가 살짝 열린 창문 틈 사이로 쏙 들어오며 물었어요. 미나는 모니터에서 눈도 떼지 않고 대답했어요.

“응, 나 수행평가 하고 있어. 넌 어디 갔다 와?”

“티티랑 놀다 왔어. 근데 수행평가가 뭐야?”

“학교에서 내 주는 숙제 같은 거야. 그때그때 내용이 다른데 이번에는 독서 감상문 쓰기야.”

그러자 치치가 고개를 갸웃갸웃했어요.

“독서 감상문이면 책을 읽고 쓰는 거 아냐? 그런데 책은 어디 있어?”

“아, 그게…….”

미나는 머뭇머뭇 대답했어요.

“사실 이번에 내가 수행평가 숙제가 있는 걸 깜빡 잊고 있었거든. 그래서 책을 하나도 못 읽었어. 내일까지 내야 하는데 시간이 없잖아……. 할 수 없이 인터넷에서 다른 사람이 쓴 독서 감상문을 베껴 쓰려고.”

“뭐? 너 그걸 말이라고 하니?”

치치가 혀를 끌끌 차며 한심하다는 듯 미나를 쳐다보았어요.

“책을 읽고 자기가 생각하고 느낀 점을 써야지, 인터넷에서 다른 사람이 쓴 걸 베끼면 어떡해?”

“책을 안 읽어서…….”

“지금부터 읽으면 되지. 아직 시간 있잖아.”

미나는 뾰로통하게 입술을 비죽였어요.

“나만 그러는 거 아냐. 다른 애들도 다…….”

“다른 친구들 핑계를 대는 건 비겁해.”

미나는 말문이 턱 막혔어요. 치치의 말은 어느 하나 틀린 게 없었거든요.

독서 감상문을 쓰면 이런 점이 좋아요!

1) 글쓰기 능력이 눈에 띄게 좋아져요.
2) 생각하는 힘을 길러 주고, 책의 내용을 정확하게 이해할 수 있어요.
3) 글쓴이의 마음을 함께 느낄 수 있어요.

치치가 계속 말했어요.

"선생님이 아시면 어쩌려고 그래? 인터넷에 있는 내용은 누구나 볼 수 있잖아. 다른 친구하고 똑같은 내용을 베껴서 내면 바로 들통 날 텐데?"

미나는 한숨을 푹 쉬었어요.

"네 말이 맞아. 그렇지만 난 독서 감상문을 어떻게 써야 할지 모르겠어. 책을 읽으면 재미있다, 재미없다 말고는 쓸 말이 없는걸. 차라리 베껴서라도 길게 써야 점수를 잘 받는다고."

그러자 치치가 잠시 생각하더니 씩 웃으며 말했어요.

"좋아, 원래대로라면 이걸 너의 소원으로 해야겠지만, 지난번에 티티와 나를 화해시켜 준 보답으로 내가 독서 감상문 잘 쓰는 법을 가르쳐 줄게. 귀를 쫑긋 세우고 잘 들으라고."

치치의 말에 미나는 귀가 쫑긋해졌어요.

"우아, 진짜? 진짜로? 독서 감상문 잘 쓰는 법을 가르쳐 준다고?"

"그럼! 책 어디 있어?"

"자, 여기!"

미나는 냉큼 책을 치치 앞으로 내밀었어요. 그러자 치치는 다시 미나 쪽으로 책을 밀며 말했어요.

"야, 아무리 그래도 먼저 책을 읽어야지. 책도 안 읽고 어떻게 독서 감상문을 쓰려고 그래. 지금부터 책을 읽어. 다 읽으면 가르쳐 줄게."

"잉……."

미나는 울며 겨자 먹기로 책을 펼쳤어요.

잠시 뒤, 미나는 마지막 장을 덮으며 외쳤어요.

"다 읽었다! 자, 다 읽었으니까 약속대로 독서 감상문 잘 쓰는 법 가르쳐 줘."

그때까지 몸을 동그랗게 말고 있던 치치가 기지개를 쭉 폈어요.

"네가 읽은 책 제목이 뭐야?"

"성공한 사람에게 없는 것, 게으름."

"공책 맨 위에다 책 제목을 써."

미나는 치치가 시키는 대로 독서 감상문 공책을 펼치고 맨 위에 또박또박 제목을 썼어요.

"먼저 네가 이 책을 읽게 된 동기를 써."

"음……, 수행평가 추천도서여서 읽은 건데."

치치는 고개를 끄덕끄덕하며 말했어요.

"그래, 솔직하게 쓰면 되지 뭐. 그 다음에는 책의 내용을 간단하게 요약해서 설명하는 글을 써야 해. 네가 읽은 책의 내용이 뭐야?"

미나는 잠시 생각한 후 말했어요.

"이 책의 주인공은 엄청난 게으름뱅이야. 그래서 엄마한테 혼나고 친구들도 싫어해. 하지만 게으름 피우는 습관을 고치지 못하지. 그러던 어느 날, 느림보 유령을 만나게 되고 그 후 점점 변하기 시작하더니 마침내 게으름과 싸워서 이겨."

치치는 짝! 손바닥을 치며 말했어요.

"짧고 간단하게 잘 요약했네! 그 내용을 독서 감상문 공책에 그대로 쓰면 돼. 책에 있는 인상 깊은 문장을 그대로 옮겨 써도 되고."

독서 감상문에 들어가야 할 내용

책을 읽게 된 **동기**를 써야 해요. 그리고 인상 깊은 **장면**을 비롯한 줄거리 등 책의 간단한 내용도 써야 하지요. 감동받은 내용이나 재미, 깨달은 **교훈**이나 **결심**도 들어가야 한답니다. 내가 주인공이라면 어떻게 달라질 수 있는지의 내용을 쓰는 것도 좋아요.

칭찬을 받고 기분이 좋아진 미나는 헤벌쭉 웃으며 치치에게 물었어요.

"그러고 난 다음에는 뭘 쓰면 돼?"

"책 내용 중 가장 재미있었고 기억에 남는 부분, 감동받은 부분을 쓰는 거야. 그리고 독서 감상문에서 가장 중요한 부분! 바로 책을 읽고 난 다음에 드는 생각이나 느낌, 깨달은 교훈이나 반성하게 된 부분, 그리고 앞으로의 다짐 등을 자유롭게 쓰면 돼."

미나는 잘 이해가 되지 않는 듯 고개를 갸우뚱갸우뚱했어요. 그러자 치치가 물었어요.

"넌 이 책에서 어떤 내용이 제일 재미있었어?"

"주인공 여자애가 게으름 피우는 장면. 진짜 나무늘보 같았거든!"

"그럼, 책을 다 읽고 나니까 어떤 생각이 들었어? 주인공 여자애처럼 게으름을 피워도 괜찮다고 생각했어? 아니면, 자기가 해야 할 일을 미루지 않고 야무지게 해야겠다고 생각했어?"

미나는 망설이지 않고 바로 대답했어요.

"당연히 부지런해져야겠다고 생각했지. 주인공 인아처럼 게으름을 부리다가 느림보 유령을 만나면 어떻게 해?"

치치는 빙그레 웃으며 말했어요.

"그래, 바로 그거야. 독서 감상문에는 책을 읽고 든 생각과 느낌, 깨달은 점, 앞으로의 다짐 등을 솔직하고 자유롭게 쓰면 돼."

미나는 고개를 끄덕였어요. 치치의 설명을 듣고 나니 독서 감상문을 잘 쓸 수 있을 거라는 자신감이 생겼거든요.

잠시 독서 감상문 공책을 물끄러미 바라보던 미나는 연필을 쥐고 쓱쓱 쓰기 시작했어요.

독서 감상문을 쓰는 형식을 알아보아요!

독서 감상문을 쓰는 형식은 여러 가지랍니다. 어느 한 가지로 정해져 있지 않아요. 자기가 원하는 형식으로 자유롭게 쓰면 돼요. 다만, 각각 형식의 특성에 맞게 써야 한답니다.

1) 일기 형식: 날짜, 요일, 날씨 등이 들어가야 해요.
2) 시 형식: 연과 행을 구분하여 쓰고, 어울리는 그림을 함께 그려 넣어요.
3) 편지 형식: 받는 사람과 쓴 사람이 있어야 해요.
4) 광고 형식: 책의 내용과 어울리는 그림을 그리고, 책 소개 글을 짧게 써넣어야 해요.
5) 만화 형식: 간단한 만화 형식의 그림을 그리고 어울리는 말풍선을 넣어서 표현해요.

독서 감상문

제목	게으름아, 안녕!
책 제목	성공한 사람에게 없는 것, 게으름
작성일	201X년 X월 X일 X요일

이 책의 주인공 인아는 너무너무 게을러서 별명이 나무늘보다.
책가방 챙기기도, 이 닦기도 귀찮아하는 게으름뱅이 인아!
하지만 인아는 느림보 유령을 만나면서 변하기 시작한다.
자신의 과거, 현재, 미래를 보면서 조금씩 변해 가고
마침내 게으름과 싸워 이긴다!

나도 인아처럼 모든 것이 귀찮고 하기 싫을 때가 있다.
그때는 정말 빈둥빈둥 마냥 놀고만 싶다.
몸은 책상 앞에 있지만, 마음은 놀이터에 있다.

하지만 순간순간 게으름을 이기지 못하면, 나도 인아처럼
느림보 유령의 마법에 걸릴지도 모른다는 생각이 들었다.
그러면 내가 정말 하고 싶은 일을 하지 못할 테고,

장래희망도 이루지 못하겠지? 으, 정말 싫다.

나중에 후회하지 않으려면 지금부터 바짝 정신 차리고

부지런해져야지.

책에 이런 말이 있다.

"기회는 모든 사람에게 오지만 그걸 잡는 사람은

준비되어 있는 사람뿐이야. 준비된 사람이 되기 위해서는

늘 노력하고 부지런할 필요가 있어."

나는 준비된 사람이 되고 싶다.

그래서 내게 기회가 왔을 때 절대로 놓치지 않아야지.

게으름아, 안녕!

나는 네가 필요없으니 어서 사라져 주렴!

"다 썼다! 모두 치치 네 덕분이야. 정말 고마워, 치치야."

독서 감상문을 다 쓴 미나가 기쁜 목소리로 외치자 치치는 거들먹거리며 대답했어요.

"내가 누구니? 요술 족제비 치치에게 이 정도쯤이야 누워서 떡 먹기지. 후후."

미나는 진심으로 치치의 도움이 고마웠어요. 치치 덕분에 그토록 싫어하던 독서 감상문을 혼자 힘으로 썼으니까요. 미나는 스스로 자랑스럽고 대견했어요.

이얏호!
성공하는 사람에게
없는것, 게으름
독서 감!

며칠이 지났어요.

"모두 이번 수행평가를 참 잘했더구나. 특히 미나는 책을 읽은 다음 생각하고 느낀 점을 아주 솔직하고 재미있게 잘 썼어."

선생님의 말씀에 반 아이들은 부러운 듯 미나를 쳐다봤어요. 선생님은 계속 칭찬하셨어요.

"다음 시간에는 미나가 쓴 독서 감상문을 다 함께 읽고, 각자 생각한 내용을 이야기해 보도록 하자. 모두 그전까지 미나의 독서 감상문을 잘 읽고 생각해 오렴. 알았지?"

"네!"

미나는 기쁘기도 하고, 놀랍기도 해서 얼굴이 발그레해졌어요.

'치치에게 독서 감상문 쓰는 법을 배우기 잘했어.'

그리고 속으로 다짐했어요.

'독서 감상문 쓰기가 이렇게 즐거워질 줄이야. 앞으로는 꼭 내 힘으로 독서 감상문을 써야지.'

독서 감상문을 활용해 보아요!

1) 서로 독서 감상문을 바꿔 읽어요.

다른 사람의 생각이나 감정을 알 수 있고, 글을 좀 더 잘 이해할 수 있어요. 또한 다양한 관점에서 생각하고 느낄 수 있어요. 그러면서 자신의 생각을 명확하게 정리할 수 있답니다.

2) 독서 감상문 전시회를 열어요.

독서 감상문 전시회를 열면 더 많은 친구들과 서로의 생각이나 느낌을 주고받을 수 있어서 좋아요. 내가 쓴 독서 감상문 가운데 전시회에 낼 작품을 골라 다른 사람이 보기 좋게 다른 종이에 옮겨 쓰거나 오려 붙인 다음 그림 또는 사진 등으로 장식해요.

사람들이 관심을 가질 수 있게 독서 퀴즈, 독서 그림 등 여러 가지 이벤트를 준비하면 좋아요.

알맹이 마당

독서 감상문을 써 보아요!

♥ 독서 감상문이란 어떤 글일까요?

독서 감상문이란, 책을 읽고 난 다음 쓰는 글이에요. 독서 감상문에는 이 책을 읽게 된 이유와 책의 내용이 들어가요. 그리고 책을 다 읽은 후 글쓴이가 생각하고 느낀 점을 쓴답니다.

1. 책의 내용을 쓸 때

책의 내용을 쓸 때에는 책에 나온 이야기를 간단히 요약하거나 설명하는 글 또는 문장으로 표현하면 돼요.

2. 책에 대한 생각과 느낌을 쓸 때

책을 읽은 다음 생각이나 느낌을 쓸 때에는 인상 깊은 장면이나 반성한 점, 새롭게 깨달은 점 등이 잘 드러나게 써야 해요.

글쓴이의 생각이나 느낌은 '~라고 생각한다.' '~라고 느꼈다.' 등으로 표현하면 된답니다. 참 쉽지요?

♥ 독서 감상문은 어떻게 읽는 게 좋을까요?

독서 감상문에는 책의 내용과 책을 읽고 난 다음에 느낀 감상이 들어간답니다.

1. 책의 내용

책의 내용에는 등장인물, 중요한 사건, 사건이 일어난 상황 등이 들어가요. 책의 내용은 책의 줄거리를 요약하거나 사건을 설명하는 부분에서 찾아요.

2. 책을 읽고 느낀 감상

감상이란 책을 읽으며 생각하고 느낀 점, 깨닫고 반성한 점, 인상 깊었던 점 등을 말해요. 독서 감상문을 쓴 사람의 생각이나 느낌이 담긴 부분과 감정을 표현하거나 판단을 쓴 부분을 찾아요.

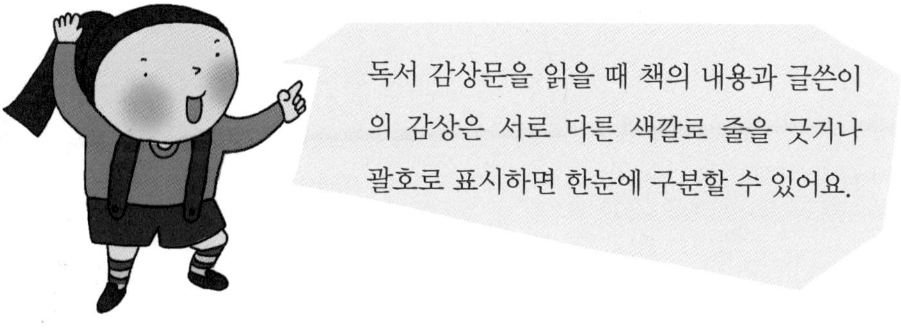
독서 감상문을 읽을 때 책의 내용과 글쓴이의 감상은 서로 다른 색깔로 줄을 긋거나 괄호로 표시하면 한눈에 구분할 수 있어요.

♥ 독서 감상문을 쓰면 좋은 점

1. 글쓰기 실력이 좋아져요.
2. 생각하는 힘을 길러 주고, 책의 내용을 정확하게 이해할 수 있어요.
3. 글쓴이의 마음을 이해할 수 있어요.

♥ 독서 감상문에 꼭 들어가야 할 내용

1. 독서 감상문을 쓸 때에는 책을 읽게 된 동기를 꼭 써야 해요.
2. 인상 깊은 장면이나 줄거리 등 책의 간단한 내용도 쓰고요.
3. 감동받은 내용이나 재미, 교훈이나 자신의 결심도 들어가야 해요.

내가 주인공이라면 어떻게 달라졌을까,
상상하며 쓰면 재미나지요.

독서 감상문은 자기가 생각하는 대로 자유롭게
쓰면 돼요.

독서 감상문 쓰기

제 목

책 제목

작성일

문제 마당

도전! 나도 백점

♥ 독서 감상문에 대해 알아보기

1~4. 다음 글을 읽고 물음에 답해 보아요.

나는 공부하기를 싫어합니다. 책상 의자에 앉기만 하면 엉덩이가 들썩들썩 가만히 있지를 못합니다. 우리 엄마는 내가 산만병에 걸렸다고 하십니다. 엄마는 내 등에 넣어 놓은 배터리를 빼야 한다고 하시면서 등을 후려치십니다.

그런데 지난주에 우연히 『스토리텔링 100점 국어』를 읽게 되었습니다. 이 책은 교과서의 내용을 만화, 동화, 퀴즈 등으로 풀어낸 책입니다. 난 공부는 싫지만, 이 책을 읽는 것은 정말 좋아합니다. 이 책을 읽다 보면 예습도 되고, 복습도 되고, 나도 모르게 공부가 저절로 됩니다.

우리 엄마는 그런 내가 신기한 모양입니다. 이제는 등을 후려치지 않으십니다.

1. 이와 같은 종류의 글을 무엇이라고 하나요?

① 일기

② 독서 감상문

③ 소설

④ 쪽지글

2. 독서 감상문에는 어떤 내용이 들어가야 할까요? 모두 골라 보아요.

① 책 가격

② 책의 내용

③ 책을 읽게 된 이유

④ 독서 감상문을 쓴 사람의 느낌이나 생각

3. 글쓴이는 이 책을 읽고 어떻게 변했나요?

① 화가 났다.

② 돈이 아까웠다.

③ 스스로 책을 읽고 예습 복습을 했다.

④ 선생님에게 질문했다.

4. 이 독서 감상문에 써 있지 않은 내용은 무엇인가요?

① 책 제목

② 책을 읽고 난 다음의 생각

③ 책의 쪽수

④ 책의 내용

5~7. 다음 글을 읽고 물음에 답해 보아요.

『강아지로 변한 날』을 읽고

김강수

사람이 어떻게 강아지로 변할 수 있을까? 제목이 참 재미있다.

주인공이 자꾸 욕을 하다가 강아지로 변해서 집에서 쫓겨난 이야기다.

우리 집에서도 강아지를 키운다. 주인공의 집에서 키우던 다솜이라는 강아지와 닮았다.

이 책을 읽고 나도 욕을 하면 강아지로 변할 것 같았다.

강아지로 변하면 재미있을 것 같다. 그래도 욕은 하지 말아야겠다.

강아지로 변한다면

서정민

학교 도서관에 새 책이 와 있었다. 『강아지로 변한 날』이란 제목이 눈길을 끌어서 얼른 빌렸다. 『강아지로 변한 날』은 강아지로 변한 세 아이들의 이야기다. 강아지로 변한 아이들은 산으로 가서 산신령을 만난다. 산신령은 아이들에게 다시 사람으로 변하는 방법을 이야기해 준다.

읽으면 읽을수록 참 재미있는 이야기다. 좋은 교훈도 준다. 난 절대 강아지로 변하지 말아야겠다.

친구들에게 이 책을 읽어보라고 권해 주었다. 작가 선생님은 어떻게 이런 재미난 글을 쓸 수 있을까? 나도 작가가 되고 싶다.

5. 김강수 어린이와 서정민 어린이가 쓴 독서 감상문을 통해 알 수 있는 점은 무엇일까요? 알맞지 않은 것을 골라 보아요.

① 독서 감상문 속에는 책의 줄거리를 쓰면 안 된다.

② 독서 감상문을 자주 쓰면 글 쓰는 실력이 좋아진다.

③ 독서 감상문을 쓰면 자신의 생각을 잘 정리할 수 있다.

④ 같은 책을 읽었지만 느낀 점이 다를 수 있다.

6. 김강수 어린이와 서정민 어린이가 각자 쓴 독서 감상문을 서로 교환해 읽으면 어떤 점이 좋을까요? 알맞지 않은 것을 골라 보아요.

① 다른 사람의 생각이나 느낌을 알 수 있다.

② 누가 더 공부를 잘하는지 알 수 있다.

③ 글의 내용을 더욱 정확히 알 수 있다.

④ 자신의 생각을 더 확실하게 전달할 수 있다.

7. 김강수 어린이와 서정민 어린이의 독서 감상문 가운데 누가 더 잘 쓴 것 같은가요? 한 명을 고른 다음 그 이유를 적어 보아요.

정답

1. ② 2. ②, ③, ④ 3. ③ 4. ③ 5. ① 6. ② 7. 예) 김강수: 강아지로 변하면 재미있을 것 같다고 생각했기 때문에, 서정민: 줄거리를 알기 쉽게 잘 정리했기 때문에.

국제 만화 박람회에 가자!

공부할 내용

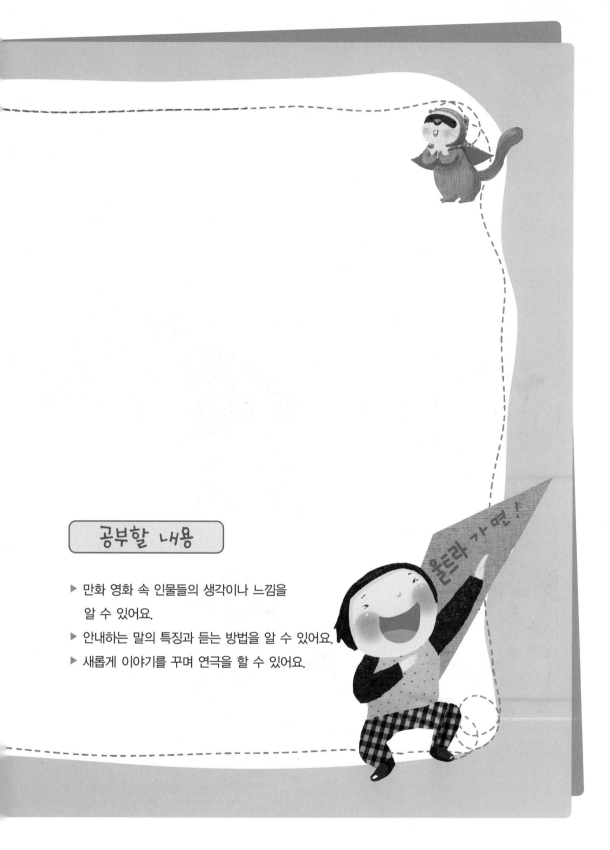

▶ 만화 영화 속 인물들의 생각이나 느낌을 알 수 있어요.

▶ 안내하는 말의 특징과 듣는 방법을 알 수 있어요.

▶ 새롭게 이야기를 꾸며 연극을 할 수 있어요.

이야기 마당

만화 박물관

와, 여기가 만화 박물관이야?
와! 내가 좋아하는 만화 주인공이야!
표정 진짜 웃기다! 하하하!
쉿! 너무 심하게 장난치면 안 된다. 여기 안내문을 읽어 보렴.

한 줄 쓰기

안내문에는 누구나 꼭 알아야 할 내용이 적혀 있어요.

스토리텔링

"라라라, 라랄라."

오늘은 즐거운 토요일. 미나는 아침 일찍 일어나 바쁘게 움직였어요. 깨끗한 새 옷을 꺼내 입고, 머리를 단정하게 빗었어요. 이불 속에서 고개만 비죽 내밀고 지켜보던 치치가 물었어요.

"미나야, 너 어디 가?"

"응. 정은이랑 국제 만화 박람회에 가려고."

그러자 치치의 귀가 쫑긋. 치치는 발딱 일어나며 외쳤어요.

"나도! 나도 가고 싶어. 나도 데려가 줘!"

"응? 너도 만화 좋아해?"

"너, 나 무시하니? 나도 TV에서 만화 영화를 본 적이 있어. '잔금이의 꿈' 이랑 '아기 공룡 돌리' 랑……."

"우아, 나도 '잔금이의 꿈' 좋아하는데! 알았어. 정은이에게 전화해서 같이 가도 되느냐고 물어볼게."

"응!"

미나는 휴대 전화기를 꺼내 정은이에게 전화를 걸었어요. 연결음이 몇 번 울리고 난 후 정은이가 전화를 받았어요.

"여보세요."

"정은아, 나 미나. 치치도 국제 만화 박람회에 가고 싶대. 같이 가도 돼?"

"정말? 티티도 가고 싶댔는데. 잘됐다! 넷이 함께 가자."

"그래, 좋아. 11시에 온누리 박람회장 앞에서 만나."

"응."

전화를 끊은 미나는 치치를 보며 말했어요.

"자, 어서 외출 준비해!"

"야호!"

만화를 알아보아요!

만화란 줄거리가 있는 여러 개의 그림이에요. 만화는 어렵고 복잡한 이야기를 쉽게 이해할 수 있도록 도와준답니다. 만화는 말주머니(말풍선) 안에 들어 있는 등장인물의 대사나 생각, 상황을 설명하는 줄글, 그리고 인물과 상황을 묘사한 그림, 이렇게 세 가지로 표현해요.

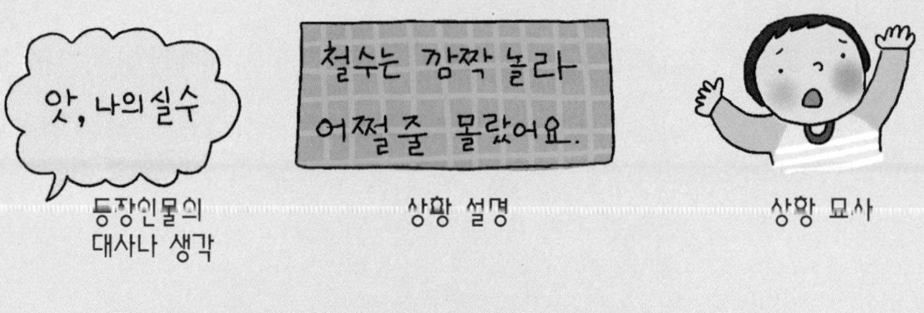

약속 시각인 11시. 미나와 치치, 정은이와 티티는 온누리 박람회장에 도착했어요. 미나와 정은이는 입장권 요금표를 보았어요.

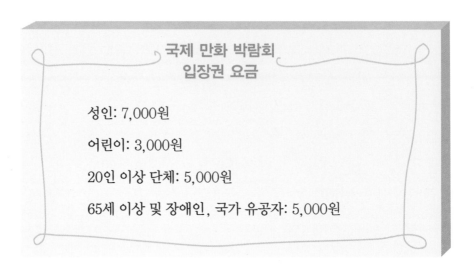

국제 만화 박람회
입장권 요금

성인: 7,000원

어린이: 3,000원

20인 이상 단체: 5,000원

65세 이상 및 장애인, 국가 유공자: 5,000원

미나와 정은이는 고개를 갸웃갸웃했어요.

"동물 요금은 없는데 어떻게 하지?"

잠시 고민한 끝에 미나와 정은이는 어린이 입장권 두 장만 샀어요. 치치와 티티는 어떻게 했냐고요? 치치는 미나의 가방 속에, 티티는 정은이의 주머니 속에 쏙 들어가 숨었답니다. 동물 입장권은 써 있지 않았지만, 들어가면 안 된다고 적혀 있지 않았으니까요.

입장권을 사고 박람회장 입구로 갔을 때 가장 먼저 큼지막한 안내문이 보였어요. 안내문에는 국제 만화 박람회를 소개하고, 관람 내용을 설명하는 글이 적혀 있었어요. 미나와 정은이는 안내문을 차근차근 읽기 시작했어요.

안내하는 말을 알아보아요!

안내문에는 꼭 알아 두어야 할 내용이 쉽게 설명되어 있어요. 특히, 공공 장소의 안내문에는 그 장소의 목적에 대해 소개하고 그곳에서 하는 일이 무엇인지 알려 주는 내용이 적혀 있어요. 주로 시간, 장소, 하는 일, 지켜야 할 규칙, 이용 방법 등을 알려 주지요.

안내문에는 행사 안내, 교통 안내, 여행 안내, 도서관 안내, 박물관 안내, 운동 경기 안내 등이 있어요.

국제 만화 박람
입구
안 내 문
어린이에게 꿈과 희망을!
어른에게 동심의 추억을!
국제 만화 박람회에 오신 것을 환영합니다!
국제 만화 박람회는
만화와 만화 영화의 역사를 알리고
한국과 일본, 미국의 만화 영화 및
캐릭터를 소개합니다.
개장 시각은 평일과 주말 모두 오전 11시
폐장 시각은 평일과 주말 모두 오후 6시입니다.
많은 사람들이 한 장소에 모이기 때문에
자칫 안전사고가 일어날 수도 있으니
각별한 주의 부탁드립니다.

안내문

어린이에게 꿈과 희망을!

어른에게 동심의 추억을!

국제 만화 박람회에 오신 것을 환영합니다!

국제 만화 박람회는

만화와 만화 영화의 역사를 알리고

한국과 일본, 미국의 만화 영화 및

캐릭터를 소개합니다.

개장 시각은 평일과 주말 모두 오전 11시,

폐장 시각은 평일과 주말 모두 오후 6시입니다.

많은 사람들이 한 장소에 모이기 때문에

자칫 안전사고가 일어날 수도 있으니

각별한 주의 부탁드립니다.

특히 어린이 여러분은

사람이 많은 곳에서 뛰어다니지 말고

시끄럽게 떠들지 않도록 주의해 주세요.

국제 만화 박람회를 찾아 주신 모든 분들이

즐겁고 행복한 시간을 보내시기를

진심으로 바랍니다.

"11시 넘었어! 박람회 시작했겠다!"
미나가 말하자 정은이가 고개를 끄덕였어요.
"응, 6시까지 신 나게 보고 나오자."
그때, 치치와 티티도 한마디씩 거들었어요.
"꾸물대지 말고 빨리 들어가자!"
"그래, 그래! 나도 얼른 구경하고 싶단 말이야."
미나와 정은이는 치치, 티티와 함께 서둘러 박람회장으로 들어갔어요.

"우아! 엄청 큰 뽀로롱이다."

"정은아, 저기 봐봐! 잔금이야!"

전시회장 안은 온통 만화와 만화 영화에 관련된 것들로 가득했어요. 미나와 정은이는 눈이 동그래져서 주위를 두리번두리번. 어느 틈에 치치와 티티도 고개를 살짝 내밀고 구경하고 있어요.

"앗, '찡구는 못 말려'다! 야, 미나야. 저쪽으로 가자!"

찡구라면 자다가도 벌떡 일어나는 치치가 졸라 댔어요. 티티도 정은이를 부리로 콕콕 쪼며 재촉했어요.

"나도, 나도 찡구 보고 싶어. 정은아, 찡구가 있는 쪽으로 가자."

"알았어, 잠깐만."

미나와 정은이는 '찡구는 못 말려'가 전시되어 있는 곳으로 갔어요. 그곳에 있는 큰 TV 화면에는 찡구 만화 영화가 나오고 있고, 그 앞에는 찡구와 찡구네 엄마아빠 그리고 울트라 가면 등 캐릭터 인형이 가득 놓여 있었어요. 또 한쪽에는 캐릭터가 그려진 가방과 티셔츠 등이 잔뜩 쌓여 있었고요.

"찡구다, 찡구!"

"훌랑훌랑! 훌랑훌랑!"

신이 난 치치와 티티가 찡구 흉내를 내자 미나와 정은이는 화들짝 놀라 주위를 두리번두리번 살폈어요. 혹시라도 다른 사람이 치치와 티티를 보면 얼마나 놀라겠어요?

"야, 좀 조용히 해."

"그래, 다른 사람들이 들으면 어떻게 해."

하지만 치치와 티티는 들은 척 만 척이었어요.

"미나야, 내가 티티보다 찡구 흉내 더 잘 내지?"

치치가 말하자 티티는 질세라 정은이에게 말했어요.

"무슨 소리야. 정은아, 내가 훨씬 잘하지? 봐봐, 훌랑훌랑! 훌랑훌랑! 찡구랑 똑같지?"

그러자 정은이가 살짝 눈을 흘기며 말했어요.

"야, 찡구는 무슨. 찡구 친구 칠수도 안 닮았다. 봐, 찡구 춤은 이렇게 추는 거야."

정은이는 한쪽 엉덩이를 옆으로 빼고 두 팔을 반대편으로 쭉 뻗었어요. 그러고는 새우 눈을 뜬 채 힘차게 몸을 흔들흔들.

"훌랑훌랑! 훌랑훌랑!"

팔을 물결치듯 흔들고, 엉덩이를 실룩샐룩거리며 춤추는 모습이 찡구와 똑 닮았지 뭐예요.

"깔깔! 정은아, 찡구랑 똑같아! 똑같아!"

미나가 배꼽을 잡으며 말하자 정은이는 한층 더 신이 난 모양이에요. 이번에는 울트라 가면 흉내까지 내지 않겠어요? 손을 허리에 올리고 가슴을 쫙 편 채 하하 웃으며 외쳤어요.

"아하하하하! 울트라 가면이다!"

그 모습에 신이 난 치치와 티티도 소리 높여 외쳤어요.

"아하하하! 우리는 울트라 가면이다!"

표정과 몸짓을 사용하면 좋아요!

얼굴 표정과 몸짓을 사용하면 자신의 생각과 느낌을 좀 더 쉽게 전달할 수 있어요. 상대방은 말하는 사람의 생각과 느낌을 더 잘 알 수 있고요.
만화 영화 속 인물들도 마찬가지예요. 인물의 말을 주의 깊게 들으면서 표정과 행동, 몸짓을 함께 살펴보면 인물의 생각이나 느낌을 잘 알 수 있답니다.

그때였어요.

"어린이 여러분~ 국제 만화 박람회에 오신 것을 환영합니다."

예쁜 언니가 박람회장 가운데에서 마이크를 들고 말했어요. 언니 옆에는 커다란 인형 옷을 입은 사람이 서 있었어요.

"국제 만화 박람회에서 어린이 여러분을 위해 '내가 만화 영화 주인공!' 행사를 준비하였습니다. 8세부터 13세 어린이들만 참여할 수 있는 연극이랍니다. 잘하는 어린이 셋을 뽑아 상을 줄 거예요. 참가하고 싶은 어린이들은 지금 바로 왼쪽 안내 데스크에서 접수하세요."

언니는 예쁜 목소리로 차근차근 행사 내용을 안내했어요.

"참가하는 어린이 중 선착순 10명에게 뽀로롱 인형을 선물로 줄 거예요. 망설이지 말고 바로 접수해서 즐거운 추억을 남기세요. '내가 만화 영화 주인공!' 행사는 12시부터 시작합니다. 이제 시간이 얼마 남지 않았어요. 지금 바로 접수하세요!"

순간, 미나와 정은이의 눈이 동시에 반짝 빛났어요.

“뽀로롱 인형? 정은아, 우리 저거 하자!”

미나가 말하자마자 정은이는 고개를 힘차게 끄덕였어요.

“두말하면 잔소리. 당연하지!”

치치와 티티도 입 모아 외쳤어요.

“우리도 콜!”

미나와 정은이는 얼른 안내 데스크로 달려가서 참가 신청서를 쓰고 접수증을 받았어요. 안내하는 언니가 방긋 웃으며 말했어요.

“접수증에 참가 번호가 적혀 있어. 잠시 후에 중앙 무대에서 행사가 시작되면 번호 순서대로 참가하면 돼.”

“고맙습니다.”

미나와 정은이는 두근거리는 마음으로 시계를 보았어요. 11시 40분. 행사 시작까지 20분이 남았어요.

"지금부터 '내가 만화 영화 주인공' 행사를 시작합니다!"

20분이 지나고, 마침내 행사가 시작되었어요. 그때까지 목이 빠져라 기다리고 있던 미나와 정은이는 손뼉을 치며 기뻐했어요.

"어린이 여러분, 만화 영화 좋아해요?"

"네!"

무대를 둘러싸고 있는 어린이들이 힘차게 대답했어요.

"그럼 우리 함께 재미있는 연극을 해 볼까요? 만화 영화 속에 나오는 등장인물 중에 마음에 드는 인물 하나를 골라서 흉내 내는 거예요. 등장인물의 개성을 잘 살려서 연기하는 어린이 세 명을 뽑아 상을 줄 거예요. 자, 모두 준비됐나요?"

"네!"

"그럼 시작하겠습니다. 참가 번호 1번 김윤지 어린이!"

갈래머리를 총총 땋은 여자아이가 무대 위로 올라왔어요. 여자아이는 '포켓 요정'에 나오는 요정 흉내를 냈어요.

"삐까삐까!"

하지만 대사는 '삐까삐까' 뿐이었어요. 그래서 별로 재미가 없었어요. 참가 번호 2번, 3번, 4번……, 모두 등장인물의 대사를 중얼중얼 따라 하기만 했어요.

정은이가 씩 웃으며 말했어요.

"에이, 다들 별로 못하는구나. 내가 1등 하겠는데?"

그때였어요. 사회자가 정은이와 미나의 이름을 큰 소리로 불렀어요.

"참가 번호 17번 김정은! 박미나!"

만화 영화를 보며 등장인물의 특성을 알아보아요!

등장인물의 대사와 말투를 주의 깊게 들어요. 그리고 등장인물의 표정과 몸짓을 잘 살피면, 등장인물의 특성을 알 수 있답니다. 그래서 등장인물의 특성을 살려 새로운 이야기를 만들 때에는 등장인물의 특성이 잘 드러나도록 말이나 말투를 바꿔야 해요. 표정이나 몸짓도 마찬가지고요. 또한, 이야기 흐름도 등장인물의 특성에 맞게 바꾸어야 하지요.

안내하는 말을 잘 들어야 해요!

안내하는 말은 주의 깊게 들어야 해요. 특히 중요한 내용은 들으면서 적어야 하지요. 듣다가 잘 알아듣지 못했거나 이해가 안 되는 내용은 꼭 다시 물어봐야 해요. 그리고 다른 중요한 내용은 없는지 생각해야 한답니다.

미나와 정은이가 무대 위로 올라갔어요. 미나가 정은이에게 작은 목소리로 속삭였어요.

"정은아, 내가 칠수 할 테니까 네가 찡구를 맡아. 칠수는 깐족깐족 잘난 척하면 되지?"

"응. 찡구는 듣는 둥 마는 둥 하다가 춤을 추면 돼."

미나와 정은이가 속닥속닥 이야기를 나누자 치치와 티티가 끼어들었어요.

"우리는 뭘 하면 돼?"

"너희는 그냥 가만히 있어. 사람이 아니니까 찡구의 다른 친구 역할을 할 수도 없잖아."

정은이의 말에 치치와 티티는 입을 삐죽거렸어요.

"치, 그런 게 어디 있어? 우리도 잘할 수 있다고."

"그래! 이건 족제비랑 참새 차별이야!"

하지만 정은이는 치치와 티티의 말을 못 들은 체하고, 사회자에게 큰 소리로 이야기했어요.

" '찡구는 못 말려'의 찡구와 칠수를 하겠습니다!"

그리고 미나를 돌아보며 말했어요.

"미나야, 말과 행동을 크고 정확하게 하는 게 중요해. 알았지?"

"오케이!"

드디어 미나와 정은이의 연극이 시작되었어요. 찡구를 맡은 정은이가 어기적어기적 걷기 시작했고, 반대편에서 칠수를 맡은 미나가 콧대를 높이 치켜들고 걸어왔어요. 둘은 아무 일도 없는 듯 그냥 스쳐지나가다가……, 갑자기 미나가 소리를 빽!

"아앗!"

정은이가 다른 쪽을 보고 가는 척하며 미나를 넘어뜨렸지 뭐예요. 미나는 손을 허리에 갖다 대며 버럭 화를 냈어요.

"너, 길을 가면서 딴 데 보면 어떡하니? 위험하잖아!"

그러자 정은이는 머쓱한 듯 뒷머리를 긁적였어요.

"아, 너도 나랑 친구가 되고 싶어서 그러는구나? 아이 참, 이 식을 줄 모르는 인기란!"

찡구를 똑같이 흉내 내는 정은이를 본 아이들이 와하하 웃음을 터트렸어요. 더욱 신이 난 정은이는 아이들 쪽으로 몸을 빙글 돌리며 가슴을 쫙 펴고 외쳤어요.

"난 정의와 평화를 사랑하는 울트라 가면! 나쁜 놈들은 모두 덤벼라, 와하하하!"

그때였어요. 찡구 음악이 흘러나오자 갑자기 치치와 티티가 폴짝폴짝 무대 위로 뛰어 올라왔어요. 그 모습을 본 아이들의 눈이 왕방울만 해졌어요.

"우아, 저게 뭐야?"

"참새가 날아왔어. 저 꼬리가 긴 애는 처음 보는 건데?"

미나와 정은이도 놀라서 눈을 동그랗게 떴어요.

"야, 너희들 왜 올라왔어?"

그러자 치치가 어깨를 으쓱하며 대답했어요.

"너희만 재미있게 놀면 불공평하잖아!"

티티도 한마디 했어요.

“그래, 우리도 같이 놀아!”

미나와 정은이는 할 수 없다는 듯 씩 웃었어요. 정은이가 소리 높여 외쳤어요.

“좋아, 그럼 우리 모두 함께 훌랑훌랑 춤을 추자!”

“훌랑훌랑! 훌랑훌랑!”

미나와 정은이, 치치와 티티가 다함께 어깨를 들썩이며 훌랑훌랑 춤을 추자 무대 밑에서 구경하던 아이들도 벌떡벌떡 일어나기 시작했어요. 그리고 모두 음악에 맞추어 몸을 흔들며 춤을 추었답니다.

“훌랑훌랑! 훌랑훌랑!”

“정말 신 난다!”

만화 영화의 주인공이 되어 보아요!

♥ 만화와 그림은 어떻게 다를까요?

아마도 만화를 싫어하는 사람은 거의 없을 거예요. 왜냐구요? 재미있으니까요.

만화와 그림은 어떻게 다를까요?

그건 바로, 그림은 줄거리가 없지만 만화에는 줄거리가 있어요. 그리고 여러 개의 그림으로 이루어져 있지요. 사람들이 만화를 좋아하는 이유는 어렵고 복잡한 이야기를 쉽게 이해할 수 있기 때문이에요.

만화의 구성은 크게 세 가지로 나눌 수 있어요.

말주머니: 등장인물의 대사나 생각이 들어 있어요.

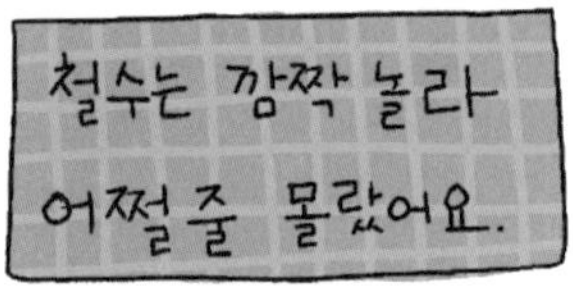

줄글: 상황을 설명해요.

그림: 인물과 상황을 묘사해요.

♥ 만화 영화에서 등장인물의 성격 알아보기

만화 영화에는 등장인물들이 있어요. 등장인물의 특성을 알면 만화 영화를 더욱 재미있게 볼 수 있어요.

등장인물들의 특성을 알기 위해서는 인물의 대사와 말투를 주의 깊게 들어야 해요. 그리고 등장인물의 표정과 몸짓을 잘 살펴보는 것도 중요하답니다.

등장인물의 특성을 살려 새로운 이야기를 만들어 보아요. 그러기 위해서는 대사와 말투를 등장인물의 특성이 잘 드러나도록 바꿔야 해요. 표정이나 몸짓도 마찬가지고요. 자, 그럼 이제 등장인물의 특성에 맞게 이야기의 흐름을 바꾸어 볼까요?

♥ 표정과 몸짓 사용하기

이야기할 때 얼굴 표정과 몸짓을 사용하면 좋아요. 말하는 사람은 자신의 생각과 느낌을 좀 더 쉽게 전달할 수 있고, 듣는 사람은 말하는 사람의 생각과 느낌을 더 잘 알 수 있으니까요.

만화 영화 속 인물들도 마찬가지예요. 인물의 대사를 주의 깊게 들으면서 표정과 행동, 몸짓을 함께 살펴보면 인물의 생각이나 느낌을 더욱 잘 알 수 있답니다.

♥ 안내하는 말이란 무엇일까요?

안내문은 행사 안내, 교통 안내, 여행 안내, 도서관 안내, 박물관 안내, 경기 안내 등이 있어요. 안내하는 말에는 꼭 알아두어야 할 내용이 들어 있지요. 그리고 누구나 쉽게 이해할 수 있도록 내용이 아주 쉬워야 해요.

공공장소의 안내문에는 공공장소의 목적에 대해 소개하고, 그곳에서 하는 일이 무엇인지 알려 주는 내용이 적혀 있어요. 이용 시간, 장소, 하는 일, 지켜야 할 규칙, 이용 방법 등을 주로 알려 주지요.

안내하는 말은 주의 깊게 들어야 해요. 특히 중요한 내용은 들으면서 적어야 하지요. 듣다가 잘 알아듣지 못하거나 이해가 안 되는 내용은 꼭 다시 물어보고요. 그리고 또 다른 중요한 내용은 없는지 생각하며 들어야 한답니다.

문제 마당

도전! 나도 백점

♥ 안내하는 말에 대해 알아볼까요?

1~3. 다음 글을 읽고 물음에 답해 보아요.

지금부터 30분 동안
춤을 추겠습니다.
춤을 가장 잘 춘 어린이에게는
자전거를 선물로 드리겠습니다.

1. 이와 같은 종류의 말을 무엇이라고 하나요?

① 경고문

② 마술 주문

③ 안내하는 말

④ 돈 버는 말

2. 이와 같은 종류의 말의 특징은 무엇일까요? 알맞지 않은 것을 골라 보아요.

① 말의 내용이 쉽다.

② 알아 두어야 할 내용이 들어 있다.

③ 행사 안내나 교통 안내 등을 이야기한다.

④ 돈과 관련된 말이다.

3. 이와 같은 말을 듣는 방법으로 알맞지 않은 것은 무엇일까요?

① 주의 깊게 듣는다.

② 중요한 부분은 적으면서 듣는다.

③ 잘 모르겠으면 물어본다.

④ 대충 듣고 행동으로 빨리 옮긴다.

4. 만약 도서관에서 안내하는 말을 한다면 어떤 내용이 들어가야 할까요? 여러분의 생각을 써 보아요.

5~7. 다음 만화 영화를 보고 물음에 답해 보아요.

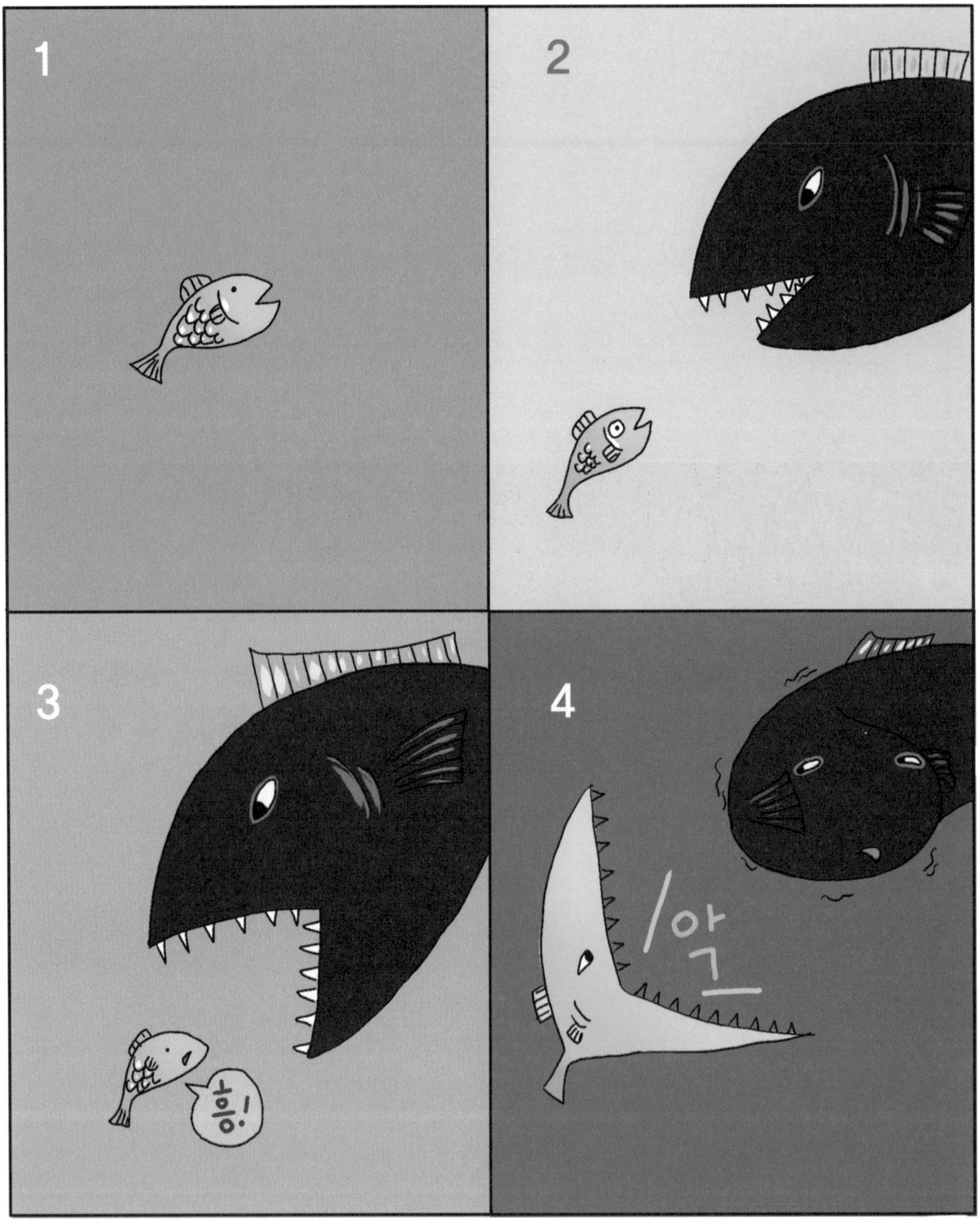

5. 〈장면 3〉에서 작은 물고기가 어떤 말을 했을까요? 상상해서 적어 보아요.

6. 작은 물고기의 특성과 큰 물고기의 특성은 무엇일까요? 보기 중에서 두 가지씩 골라 보아요.

① 자기보다 작은 물고기를 얕본다.
② 몸집은 작지만 겁이 없다.
③ 이빨이 날카로워 덩치 큰 물고기와 싸워도 지지 않는다.
④ 몸집은 크지만 겁이 많다.

작은 물고기의 특성 : (　,　)
큰 물고기의 특성 : (　,　)

7. 내가 만약 만화 영화를 만드는 감독이라면 〈장면 4〉 그림 다음에 어떤 내용을 넣을까요? 상상해서 적어 보아요.

정답

1. ③ 2. ④ 3. ④ 4. 예) 조용히 합시다. 휴대폰은 밖에서 사용합시다. 본 책은 제자리에 놓아둡시다. 등 5. 예) 크다고 다냐? 큰 놈이 까부네. 등 6. 작은 물고기의 특성: ②, ③ / 큰 물고기의 특성: ①, ④ 7. 예) 큰 물고기는 더 큰 물고기한테 가서 작은 물고기를 혼내 주라고 부탁한다. 더 큰 물고기가 작은 물고기를 찾아오자, 작은 물고기가 비웃으면서 자기 뒤를 보라고 한다. 바위 뒤에 엄청나게 많은 작은 물고기들이 이를 갈고 있다.

7장

신문방송부에 들어가고 싶어!

공부할 내용

▶ 문단에서 중심 내용과 세부 내용을 구별할 수 있어요.

▶ 문장 부호의 종류를 알고,
문장 부호를 알맞게 쓸 줄 알아요.

▶ 문단의 짜임에 맞게 글을 쓸 줄 알아요.

▶ 일의 순서나 방법을 설명하는 글을 쓸 줄 알아요.

이야기 마당

나는야, 글짓기 왕

한줄실기

한 문단 안에는 반드시 하나의 중심 생각이 있어야 해요.
그리고 뒷받침 문장은 반드시 중심 문장과 관련 있는 내용이어야 해요.

스토리 텔링

"미나야, 그거 봤어?"

아침부터 정은이가 호들갑을 떨며 달려왔어요. 미나는 고개를 갸우뚱하며 말했어요.

"뭐?"

"신문방송부에서 새로운 부원을 뽑는대! 커다랗게 알림장도 붙였더라. 이번에는 3학년도 뽑는대!"

"우아, 진짜야?"

미나의 눈이 동그래졌어요. 예전부터 학교 신문방송부에 꼭 들어가고 싶었거든요. 그래서 이번이 기회다 싶었죠.

"정은아, 우리 신문방송부에 지원하자!"

"당연하지! 그럴 줄 알고 두 장 가져왔어."

정은이는 손에 든 봉투 두 개를 까닥까닥 흔들어 보이며 생긋 웃었어요.

미나가 물었어요.

"응? 뭘 가져온 거야?"

"뭐긴, 신문방송부 지원서지! 아까 알림장 보고 쌩하니 갔다 왔거든."

"이야, 그럼 이제 지원서를 써서 내기만 하면 되네?"

"그럼!"

정은이는 미나에게 봉투 하나를 내밀며 말했어요.

"우리 같이 지원서를 쓰자!"

"그래, 좋아!"

미나와 정은이는 사이좋게 봉투를 열어 보았어요. 봉투 안에는 반듯하게 접힌 종이가 여러 장 들어 있었어요.

"뭐가 이렇게 많아?"

미나와 정은이는 고개를 갸웃거리며 종이를 꺼내 첫 번째 페이지를 펼쳤어요.

나래 초등학교 신문방송부 지원 안내
나래 초등학교 신문방송부가
새로운 부원을 모집합니다.
뜻있는 학생 여러분들은 주저 없이 지원해 주십시오.
단, 나래 초등학교 학생들의 눈과 귀가 되어 줄
신문방송부의 한 사람이 되려면
몇 가지 간단한 시험을 통과해야 합니다.
함께 들어 있는 문제지의 문제를
풀어 제출해 주십시오.

나래 초등학교 신문방송부 지원 안내

나래 초등학교 신문방송부가 새로운 방송부원을 모집합니다.
뜻있는 학생 여러분들의 활발한 지원을 기다리겠습니다.
주저 없이 지원해 주십시오.

단, 나래 초등학교 학생들의 눈과 귀가 되어 줄
신문방송부의 한 사람이 되려면
몇 가지 간단한 시험을 통과해야 합니다.

지원서와 함께 들어 있는 문제지의 문제를
모두 풀어 제출해 주십시오.

지원자 중 점수가 높은 세 명을
새로운 신문방송부원으로 뽑겠습니다.

감사합니다.

– 나래 초등학교 신문방송부 –

"그러니까 문제지를 풀어서 내면 된다는 거지?"

정은이의 말에 미나가 고개를 끄덕였어요.

"그런 것 같아. 일단 어떤 문제가 있는지 한번 보자."

미나와 정은이는 첫 번째 문제지를 펼쳐 보았어요.

1. 다음 문단에서 중심 내용과 세부 내용을 찾으시오.

식물들은 저마다 씨앗을 퍼트리는 방법이 달라요. 민들레의 씨앗은 바람을 타고 멀리멀리 날아가지요. 봉선화의 열매는 익으면 저절로 터져서 그 안에 있는 씨앗이 근처에 흩어져요. 도깨비바늘의 씨앗은 동물의 털에 달라붙어 먼 곳까지 이동할 수 있어요. 참외나 딸기 등의 씨앗은 열매를 먹은 동물이 똥을 눌 때, 똥과 함께 밖으로 나와 널리 퍼져요.

"어? 이게 뭐야! 정은아, 너 중심 내용이랑 세부 내용이 뭔지 알아?"

"내가 그걸 어떻게 알아……. 우리 학교 신문방송부에 들어가기가 어렵다고 하더니 진짜였어!"

미나와 정은이는 한숨을 푹푹 쉬었어요. 그때, 같은 반 친구 은희가 미나와 정은이를 보고 물었어요.

"미나야, 정은아, 너희 아까부터 뭐하고 있어?"

"아, 맞다. 은희야, 너 국어 잘하지? 이 문제 좀 풀어 봐."

정은이가 얼른 은희에게 문제지를 내밀었어요. 하지만 은희는 손을 휘휘 내저으며 뒤로 물러섰어요.

"어우야, 싫어. 뭔지 모르겠지만 너희끼리 잘해 봐."

은희는 냉큼 다른 친구에게 가 버렸어요. 미나와 정은이는 다시 머리를 맞대고 끙끙.

잠시 후, 정은이가 말했어요.

"우리 선생님께 여쭤 보자. 선생님은 잘 가르쳐 주실 거야."

"그래, 그게 좋겠어."

미나와 정은이는 문제지를 들고 선생님께 쪼르르 달려갔어요. 선생님은 문제지를 읽으시더니 빙그레 웃으셨어요.

"미나야, 정은아. 너희 아직 문단에 대해 안 배웠지?"

"네……."

“사실 어려운 문제가 아닌데 아직 배우지 않은 내용이라 어렵게 느껴지는 거야. 문단이란 여러 문장이 모여서 하나의 중심 생각을 나타내는 글의 단위를 말해. 이 문단은 하나의 중심 내용과 여러 개의 세부 내용으로 이루어져 있단다. 중심 내용은 문단을 대표하는 내용이고, 세부 내용은 중심 내용을 뒷받침하는 내용이야. 보통 예를 들거나 까닭을 들어 자세히 설명하는 내용이지. 그렇다면 이 문제에서 중심 내용과 세부 내용은 뭘까?”

미나와 정은이는 문제를 주의 깊게 읽어 보았어요.

선생님이 다시 말씀하셨어요.

“이 문단에는 ‘식물이 씨앗을 퍼트리는 방법은 저마다 다르다’는 내용이 담겨 있단다. 이제 중심 내용과 세부 내용을 알겠니?”

미나와 정은이는 무릎을 탁 쳤어요.

미나가 방긋 웃으며 말했어요.

"네, 이제 알았어요. 중심 내용은 바로 '식물들은 저마다 씨앗을 퍼트리는 방법이 다르다'예요."

정은이도 질세라 말했지요.

"그 다음에 나오는 민들레, 봉선화, 도깨비바늘, 참외나 딸기 등의 이야기가 세부 내용이에요."

중심 내용 → 식물들은 저마다 씨앗을 퍼트리는 방법이 달라요.

세부 내용 → 민들레의 씨앗은 바람을 타고 멀리멀리 날아가지요. 봉선화의 열매는 익으면 저절로 터져서 그 안에 있는 씨앗이 근처에 흩어져요. 도깨비바늘의 씨앗은 동물의 털에 달라붙어 먼 곳까지 이동할 수 있어요. 참외나 딸기 등의 씨앗은 열매를 먹은 동물이 똥을 눌 때, 똥과 함께 밖으로 나와 널리 퍼져요.

중심 문장과 뒷받침 문장을 알아보아요!

문단이란 하나의 생각을 담는 글의 단위예요. 한 문단은 반드시 하나의 중심 문장과 여러 개의 뒷받침 문장으로 이루어진답니다.

중심 문장은 문단에서 글쓴이가 꼭 말하고자 하는 중요한 내용을 담은 문장이에요. 뒷받침 문장은 중심 문장에 담긴 중요한 내용을 이해하기 쉽도록 설명하거나 예를 들어 나타내는 문장이에요.

"정답이야! 미나와 정은이 모두 잘 맞혔어."

선생님은 싱글벙글 웃으시며 말씀하셨어요.

"하나의 중심 문장과 여러 개의 뒷받침 문장이 모여서 하나의 문단을 이루고, 여러 개의 문단이 모여서 하나의 글을 이룬단다. 그래서 문단의 짜임을 이해하면 글의 짜임을 쉽게 이해할 수 있지. 또한, 글의 짜임을 파악하면 글의 내용을 잘 이해할 수 있고 글의 주제도 쉽게 찾을 수 있단다."

"네, 이제 알 것 같아요. 고맙습니다, 선생님."

미나와 정은이는 선생님께 인사를 하고 나왔어요.

문단의 짜임에 맞는 중심 문장과 뒷받침 문장을 알아보아요!

1) 한 문단에는 반드시 하나의 중심 생각이 있어야 해요.

한 문단에 여러 개의 중심 생각이 들어가면 말하려는 내용이 분명하게 드러나지 않고, 읽는 사람도 이해하기 어려워요.

2) 중심 문장에 알맞은 뒷받침 문장을 써야 해요.

뒷받침 문장은 중심 문장과 관련 있는 내용만 써야 해요. 또한, 최대한 쉽고 자세히 쓰는 게 좋아요. 그래야 읽는 사람이 잘 이해할 수 있거든요. 만약 중심 문장에 어울리지 않는 뒷받침 문장을 쓰면 내용을 정확히 전달할 수 없어요. 뒷받침 문장의 분량이 너무 적어도 읽는 사람이 글쓴이의 생각을 충분히 알기 어렵답니다.

"선생님 덕분에 첫 번째 문제는 잘 풀었는데……. 두 번째 문제도 그냥 선생님께 여쭤 볼까?"

정은이의 물음에 미나는 고개를 저었어요.

"안 돼. 선생님께 자꾸 여쭤 보면 이상하게 생각하실지도 몰라. 그럼 이것저것 물으실 텐데 신문방송부 지원 시험이라고 말할 거야?"

"그러네. 그럼 우리 힘으로 풀어야 한다고 말씀하시겠지?"

"응. 그러니까 두 번째 문제는 우리 힘으로 풀어 보자."

미나와 정은이는 두 번째 문제지를 펼쳤어요.

2. 다음 문장을 읽고, 문장의 종류에 맞는 문장 부호를 넣으시오.

1) 현수와 은철이는 사이가 좋다(　　)

2) 현수는 은철이와 사이가 좋니(　　)

3) 현수와 은철이는 사이가 좋구나(　　)

4) 현수야, 은철이와 사이좋게 지내자(　　)

5) 현수야, 은철이와 사이좋게 지내라(　　)

문제를 다 읽은 미나와 정은이는 서로 얼굴을 쳐다보았어요. 둘 다 모르겠다는 표정이었어요.

"정은아, 너 문장의 종류가 뭔지 알아?"

"아니 모르는데……. 이거 어떻게 풀어야 하지?"

그때, 미나와 정은이의 머릿속에 번뜩 생각이 떠올랐어요. 둘은 동시에 외쳤어요.

"치치!"

"티티!"

미나와 정은이는 치치와 티티를 불러오기 위해 가르쳐 준대로 주문을 외웠어요. 어떻게 하느냐고요? 눈을 감고 왼발 콩콩, 오른발 콩콩, 두발을 모아 콩콩. 그런 다음 치치와 티티의 이름을 부르면 돼요.

"치치야, 어서 와 줘!"

"티티야, 얼른 이리 와!"

문장의 종류에 따라 같은 뜻을 다르게 말하는 이유는 무엇일까요?

문장의 종류는 다섯 가지로 나뉘어요. 풀이하는 문장, 묻는 문장, 감탄을 나타내는 문장, 권유하는 문장, 시키는 문장이지요. 각각 문장에 따라 느낌이 많이 다르기 때문에 상황에 알맞은 문장의 종류를 골라 써야 해요. 읽는 사람의 처지와 입장을 생각하거나 나의 생각을 분명하게 전달해야 할 때, 그리고 읽는 사람의 기분이 상하지 않게 하기 위해 문장의 종류를 구분해서 말해야 한답니다.

잠시 후, 펑! 소리가 나며 치치와 티티가 짠! 하고 나타났어요. 치치는 얼굴을 찌푸리며 말했어요.

"한창 놀고 있었는데……. 왜 불렀어?"

미나는 아랑곳하지 않고 투정을 부리는 치치에게 문제지를 내밀었어요.

"이 문제를 풀어 줘. 부탁이야."

정은이도 똑같이 티티에게 문제지를 보여 줬어요. 문제를 읽어 본 치치와 티티는 미나와 정은이를 쳐다보았어요.

"이걸 왜 풀어야 하는데? 국어 숙제야?"

"아니, 국어 숙제보다 훨씬 중요한 일이야."

"무슨 일인데?"

"사실은 그게……."

미나와 정은이는 잠시 망설이다가 자초지종을 이야기하기 시작했어요. 이야기를 다 들은 티티가 물었어요.

"그러니까 너희가 신문방송부에 들어가려면 이 문제를 풀어야 한다는 거야?"

"응."

"그래? 야, 너희 바보지? 아주 간단한 방법이 있잖아."

"응?"

미나와 정은이가 어리둥절한 표정을 짓자 치치가 빙그레 웃으며 말했어요.

"소원을 빌면 되잖아. 잊었어? 우리는 소원을 들어주는 요술 족제비랑 요술 참새라고."

"아! 맞다, 그랬지."

미나와 정은이는 서로 얼굴을 쳐다보았어요.

'신문방송부에 들어가게 해 달라고 소원을 빌까?'

하지만 미나와 정은이는 선뜻 소원을 빌 수 없었어요. 둘은 잠시 머리를 맞대고 고민했어요. 잠시 후, 마침내 단단히 결심한 미나가 말했어요.

"우리는 신문방송부에 들어가게 해 달라는 소원을 빌지 않을 거야. 그건 신문방송부에 들어가고 싶어 하는 다른 친구들에게 미안한 일이야. 그리고 우리 스스로에게도 비겁한 일이야."

이어서 정은이가 말했어요.

"그 대신 우리는 다른 소원을 빌 거야. 치치야! 티티야! 우리가 신문방송부의 문제를 끝까지 다 풀 수 있도록 도와줘. 그게 우리 소원이야."

정은이가 말을 마치자마자 치치와 티티의 몸에서 빛이 나기 시작했어요. 잠시 후, 치치와 티티가 입을 모아 말했어요.

"좋아. 너희 소원을 들어줄게."

치치와 티티의 몸이 붉은색으로 변해 갔어요. 깜짝 놀란 미나와 정은이가 눈을 비비며 다시 봤을 때, 치치와 티티는 불타는 듯한 붉은빛으로 바뀌어 있었어요.

문장의 종류에 따라 느낌이 달라져요!

1) 수진이는 평소에 청소를 잘한다.

풀이하는 문장: 감정 없이 무뚝뚝한 느낌이 들어요.

2) 수진이는 평소에 청소를 잘하니?

묻는 문장: 궁금해하는 느낌이 들어요. 부탁하고 싶은 내용을 말할 때도 쓸 수 있어요.

3) 수진이는 평소에 청소를 잘하는구나!

감탄을 나타내는 문장: 말하는 사람의 기분을 생생하게 알 수 있어요.

4) 수진아, 평소에 청소를 잘하자.

권유하는 문장: 부탁하거나 같이 하자고 하는 느낌이 들어서 부드럽고 친근해요. 묻는 문장과 함께 부탁하고 싶을 때 쓸 수 있어요.

5) 수진아, 평소에 청소를 잘해라.

시키는 문장: 딱딱하고 권위적인 느낌이 들어요. 어른들께 시키는 문장을 사용하면 예의에 어긋나니 주의해야 해요.

치치가 먼저 입을 열었어요.

"이 문제를 풀려면 우선 문장의 종류를 알아야 해. 종류는 다섯 가지야. 풀이하는 문장, 묻는 문장, 감탄을 나타내는 문장, 권유하는 문장, 그리고 시키는 문장이야."

티티가 이어서 말했지요.

"풀이하는 문장은 어떤 사실을 설명하거나 풀이할 때 써. 묻는 문장은 궁금한 내용을 직접 물어볼 때 쓰고, 감탄을 나타내는 문장은 기쁘거나 슬프거나 놀라는 것처럼 느낌을 나타낼 때 쓰지. 권유하는 문장은 어떤 일을 같이 하자고 할 때 쓰고, 시키는 문장은 누구에게 명령할 때 쓰는 거야. 이제 알았어?"

치치가 말했어요.

"여기 나온 문장들의 종류를 쓸 테니까 둘 다 잘 봐."

1) 현수와 은철이는 사이가 좋다( ) ☞ 풀이하는 문장

2) 현수는 은철이와 사이가 좋니( ) ☞ 묻는 문장

3) 현수와 은철이는 사이가 좋구나( ) ☞ 감탄을 나타내는 문장

4) 현수야, 은철이와 사이좋게 지내자( ) ☞ 권유하는 문장

5) 현수야, 은철이와 사이좋게 지내라( ) ☞ 시키는 문장

"우아, 이제 알겠어!"

미나와 정은이는 입이 떡 벌어졌어요.

치치는 빙그레 웃으며 말했어요.

"문장을 소리 내어 읽으면 어떤 느낌인지 알 수 있어. 그러면 문장의 종류를 구분하기 쉽지."

미나가 물었어요.

"그런데 문장의 종류에 따라 알맞은 문장 부호를 넣는 건 어떻게 하는 거야?"

"그래, 나도 그게 궁금해."

정은이도 맞장구쳤어요. 그러자 이번에는 티티가 입을 열었어요.

"문장의 종류에 따라 사용하는 문장 부호를 미리 알고 있으면 쉬워. 풀이하는 문장은 온점(.)을 쓰고, 묻는 문장은 물음표(?)를 쓰지. 감탄을 나타내는 문장은 느낌표(!)를 쓰고, 시키는 문장은 온점(.)을, 권유하는 문장도 온점(.)을 써. 그러니까 글을 쓸 때에는 전하려는 내용과 문장의 종류, 문장의 부호가 잘 맞게 써야 해."

문장의 종류를 구분해 보아요!

1) 글에 사용된 문장 부호를 잘 살펴보아요.

풀이하는 문장, 시키는 문장, 권유하는 문장은 온점(.)을 씁니다. 묻는 문장은 물음표(?)를 쓰고, 감탄을 나타내는 문장은 느낌표(!)를 쓰지요.

2) 글의 앞뒤 내용을 살펴 문장의 종류를 알아내요.

이야기 속에서 문장 부호만으로 문장의 종류를 구분하기 어려울 때도 있어요. 같은 생각도 글의 내용에 따라 여러 가지 종류의 문장으로 나타낼 수 있거든요. 그럴 때에는 인물의 마음을 생각하고, 앞뒤 상황을 살펴서 말하는 사람이 전하고자 하는 뜻을 생각해요.

치치와 티티가 미나와 정은이에게 물었어요.

"이제 문제를 풀 수 있겠지?"

미나와 정은이는 방긋 웃으며 대답했어요.

"응!"

그리고 둘은 함께 괄호 안에 또박또박 문장 부호를 써넣었어요.

1) 현수와 은철이는 사이가 좋다(.) ☞ 풀이하는 문장

2) 현수는 은철이와 사이가 좋니(?) ☞ 묻는 문장

3) 현수와 은철이는 사이가 좋구나(!) ☞ 감탄을 나타내는 문장

4) 현수야, 은철이와 사이좋게 지내자(.) ☞ 권유하는 문장

5) 현수야, 은철이와 사이좋게 지내라(.) ☞ 시키는 문장

"어때? 우리 잘했지?"

미나와 정은이의 말에 치치와 티티가 손뼉을 짝짝 쳤어요.

"정답! 둘 다 정말 잘 풀었어."

"그래. 너희는 꼭 신문방송부에 들어갈 수 있을 거야."

미나와 정은이는 문제지를 손에 꼭 쥐고 치치와 티티를 바라보았어요.

"우리 소원을 들어줘서 고마워. 그럼 혹시…… 이제 너희는 떠나야 하는 거니?"

"설마 사라져 버리는 건 아니겠지?"

그러자 치치가 말했어요.

"아쉽지만 우리는 이제 다른 사람의 소원을 들어주러 가야 해."

티티가 말했어요.

"너희와 함께 지내는 동안 정말 즐거웠어. 너희 덕분에 치치와 화해도 하고 말이야. 정말 고마워."

치치와 티티의 몸에서 다시 빛이 나오기 시작했어요. 저녁노을처럼 붉은빛이 눈부시게 쏟아져 나왔어요.

"얘들아, 안녕. 잘 지내."

"……잘 가, 안녕."

눈부신 빛과 함께 치치와 티티는 사라졌어요. 미나와 정은이는 아쉽고 섭섭한 기분이 들었어요. 둘은 서로 손을 꼭 잡으며 말했어요.

"언젠가 치치와 티티를 다시 만날 수 있겠지?"

며칠이 지났어요.

"미나야!"

아침부터 얼굴이 발개진 정은이가 뛰어왔어요. 미나는 두근거리는 마음으로 물었어요.

"정은아, 왜 그래? 혹시 결과 나왔어?"

"응!"

정은이는 활짝 웃으며 오른손으로 브이를 했어요.

"우리 둘 다 신문방송부에 합격했어!"

"우아, 진짜?"

미나는 놀랍고 기뻐서 어쩔 줄 몰라 정은이와 손을 마주 잡고 폴짝폴짝 뛰었어요.

"치치와 티티가 도와준 덕분이야!"

"그래, 우리 열심히 하자!"

그때, 신기한 일이 일어났어요. 갑자기 어디선가 종이비행기 하나가 날아와 미나와 정은이 주위를 빙그르르 돌더니 툭! 하고 떨어지지 않겠어요? 미나와 정은이는 얼른 종이비행기를 주워 펼쳐 보았어요. 놀랍게도 종이비행기는 치치와 티티의 편지였어요!

미나와 정은이는 함박웃음을 지었어요. 그리고 두 손을 모아 입에 대고 큰 소리로 외쳤어요. 하늘 저 멀리까지 닿도록 있는 힘껏 크게 소리쳤어요.

"치치야, 티티야, 고마워! 그리고 보고 싶어! 언제든 꼭 놀러 와!"

미나와 정은이에게

안녕!

잘 지내고 있니?

우리는 건강하게 잘 지내고 있어.

방금 너희가 신문방송부에 합격했다는 소식을

바람에게 전해 들었어.

정말 축하해! 너희라면 해낼 줄 알았어.

앞으로도 열심히 노력하는 미나와 정은이가 되기를 바랄게.

그럼 잘 지내. 나중에 꼭 다시 만나러 갈게!

치치와 티티가

알맹이 마당

문단과 문장에 대해 알아보아요!

♥ 중심 문장과 뒷받침 문장을 알아보아요

문단이란 하나의 생각을 담는 글의 한 단위예요. 한 문단은 **중심 문장**과 **뒷받침 문장**으로 이루어진답니다.

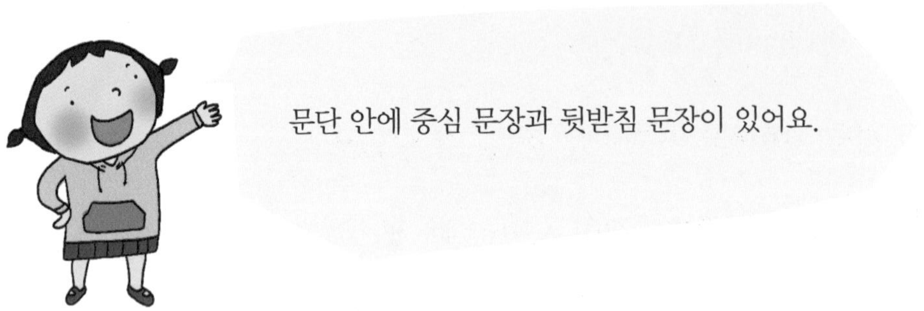

문단 안에 중심 문장과 뒷받침 문장이 있어요.

중심 문장이란 문단에서 글쓴이가 꼭 말하고자 하는 중요한 내용이 담긴 문장이에요.

뒷받침 문장이란 중심 문장에 담긴 중요한 내용을 이해하기 쉽게 설명하거나 예를 들어 나타내는 문장이에요.

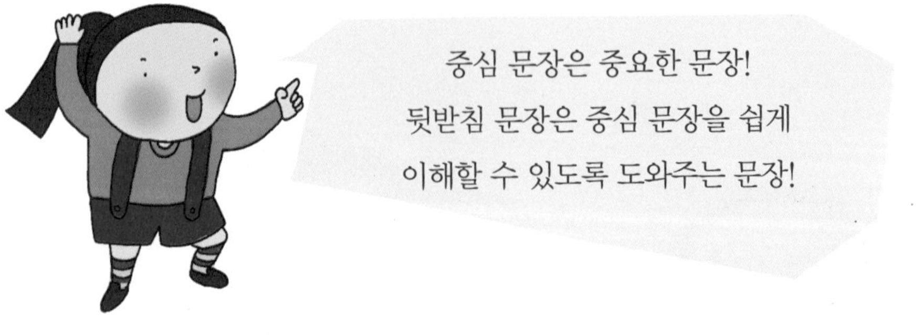

중심 문장은 중요한 문장!
뒷받침 문장은 중심 문장을 쉽게
이해할 수 있도록 도와주는 문장!

♥ 문단의 짜임에 맞는 문장은 어떻게 써야 할까요?

1. 한 문단 안에는 반드시 하나의 중심 생각이 있어야 해요.

한 문단 안에 여러 개의 중심 생각이 들어 있으면 말하려는 내용이 분명하게 드러나지 않아요. 또한, 읽는 사람도 내용을 이해하기 어려워요.

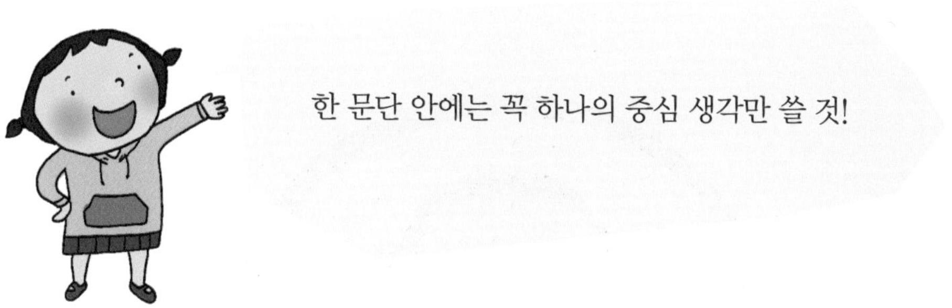

한 문단 안에는 꼭 하나의 중심 생각만 쓸 것!

2. 뒷받침 문장은 반드시 중심 문장과 관련 있는 내용을 써야 해요.

뒷받침 문장은 최대한 쉽고 자세히 쓰는 게 좋아요. 그래야 읽는 사람이 충분히 이해할 수 있거든요. 만약, 중심 문장에 어울리지 않는 뒷받침 문장을 쓰면 내용을 정확히 전달할 수 없어요.

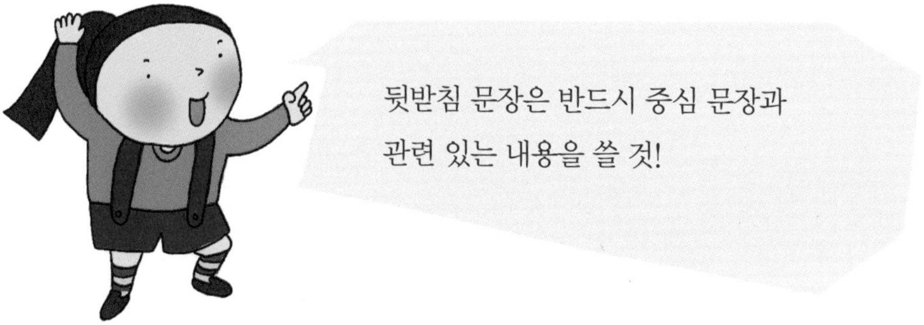

♥ 문장의 종류에 따라 느낌이 달라져요!

문장의 종류는 다섯 가지랍니다.

풀이하는 문장, 묻는 문장, 감탄을 나타내는 문장, 권유하는 문장, 시키는 문장이지요. 문장마다 느낌이 많이 다르기 때문에 상황에 따라 알맞은 문장을 골라 쓰도록 해요.

1. 미나는 평소에 옷을 깨끗하게 입는다.
   풀이하는 문장: 감정 없이 무뚝뚝한 느낌이 들어요.

2. 미나는 평소에 옷을 깨끗하게 입니?
   묻는 문장: 궁금해하는 것 같아요. 부탁하고 싶은 내용을 말할 때도 써요.

3. 미나는 평소에 옷을 깨끗하게 입는구나!
   감탄을 나타내는 문장: 말하는 사람의 감정을 생생하게 알 수 있어요.

4. 미나야, 평소에 옷을 깨끗하게 입자.

권유하는 문장: 부탁하거나 같이 하자고 하는 느낌이 들어서 부드럽고 친근해요. 묻는 문장과 함께 부탁하고 싶은 내용을 말할 때 쓸 수 있어요.

5. 미나야, 평소에 옷을 깨끗하게 입어라.

시키는 문장: 딱딱하고 권위적인 느낌이 들어요. 어른들께는 이런 문장을 쓰면 안 돼요. 예의에 어긋나요.

문제 마당

도전! 나도 백점

♥ 문장의 종류를 알아볼까요?

1~6. 다음 글을 읽고 물음에 답해 보아요.

〈그림1〉

〈그림2〉

〈그림3〉

1. 〈그림 1〉에 들어갈 알맞은 문장의 종류는 무엇일까요?

① 권유하는 문장

② 풀이하는 문장

③ 감탄을 나타내는 문장

④ 시키는 문장

2. 〈그림 1〉에 들어갈 알맞은 문장을 써 보아요.

____

3. 〈그림 2〉에 들어갈 알맞은 문장의 종류는 무엇일까요?

① 시키는 문장

② 감탄을 나타내는 문장

③ 풀이하는 문장

④ 권유하는 문장

4. 〈그림 2〉에 들어갈 알맞은 문장을 써 보아요.

____

5. 〈그림 3〉에 들어갈 알맞은 문장의 종류는 무엇일까요?

① 감탄을 나타내는 문장

② 권유하는 문장

③ 풀이하는 문장

④ 묻는 문장

6. 〈그림 3〉에 들어갈 알맞은 문장을 써 보아요.

♥ 문장의 부호를 알아볼까요?

7. 다음 문장에 문장 부호를 넣어서 권유하는 문장과 묻는 문장으로 바꿔 보아요.

치치가 장난을 심하게 치지 않았으면 좋겠습니다.

• 권유하는 문장:

• 묻는 문장:

8. 다음 문장을 읽고, 문장의 종류에 맞는 문장 부호를 넣어 보아요.

① 미나와 치치는 사이가 좋다(   )

② 미나와 치치는 사이가 좋니(   )

③ 미나와 치치는 사이가 좋구나(   )

④ 미나야, 우리 사이좋게 지내자(   )

9. 문장의 종류를 잘 구분하려면 어떻게 해야 할까요? 알맞지 않은 것을 골라 보아요.

① 글에 사용된 문장 부호를 잘 살펴보아요.

② 글의 앞뒤 내용을 살펴 문장의 종류를 구분해요.

③ 인물의 마음을 생각하고, 앞뒤 상황을 살펴서 말하는 사람이 전하고자 하는 뜻을 생각해요.

④ 가장 많이 쓰는 문장의 종류일 거라고 짐작해요.

정답

1. ③ 2. 예) 으악! 귀……귀신이다! 3. ③ 4. 예) 나 어제 귀신 봤어. 귀신이 날 막 따라왔어. 키가 이 정도고, 못생겼더라. 5. ②
6. 예) 우리 귀신 옷을 입고 정민이를 같이 놀래 주자. 7. 권유하는 문장: 치치야, 장난을 심하게 치지 않았으면 좋겠어.
/ 묻는 문장: 치치야, 너 장난 심하게 치니? 8. ① (.)온점 ② (?)물음표 ③ (!)느낌표 ④ (,)쉼표 9. ④